장

손

각
본
집

서 문

序 文

'창순(가제)_초고_160719'

■

노트북 문서함을 뒤져 <장손> 시나리오 초고 파일을 찾았다. 초고를 작성한 시기는 2016년 여름이었다. 2018년부터는 각종 펀드에 지원했고 피칭을 하러 다녔다. 2021년 상반기에 5전 6기로 제작 지원에 선정됐고, 2022년 9월에 촬영을 시작해 2023년 2월에 마쳤다. 2024년 9월에 극장 개봉을 했으며, 2025년 9월 현재 각본집을 준비하며 이 서문을 적고 있다. 영화를 떠올린 때부터 약 10년이 지난 셈이다. 이번 각본집에는 10여 년 동안 쌓인 고민의 흔적이 오롯이 담겨있다.

시나리오를 영화화하는 과정에서 어쩔 수 없이
타협하고 변하는 지점들이 생긴다. 하지만 이번
각본집은 촬영고가 아니라 내가 원래 만들고자 했던
<장손>의 각본을 그대로 담았다. 아무런 제약이
없었다면 이대로 영화를 만들고 싶었다. 말하기
부끄럽지만 각본집과 영화를 비교하는 소소한 재미를
느껴보시길 권한다. 그리고 각본보다 훌륭한 지점이
영화에 담겨 있다면 그것은 전적으로 우리 배우와
스태프의 공이다. 함께해서 영광이었고 다음에 또
함께하기를 소망한다.

초고를 쓴 2016년부터 외로움, 좌절, 절망, 희망, 환희를 맛보며 긴 터널을 지나 현재에 이르렀다. 부족하고 어설픈 지점도 많지만 <장손>이 내 데뷔작이라는 사실에 무한한 자부심을 느낀다. <장손>에 대한 복잡미묘한 마음을 이곳에 실어 보내며 나는 다시 앞으로 나아가려 한다.

2025년 9월 장위동에서
오정민

House of the Seasons

각본 감독 ■ 오정민

잠

뭉치면 살벌하고
흩어지면 살만하다

■

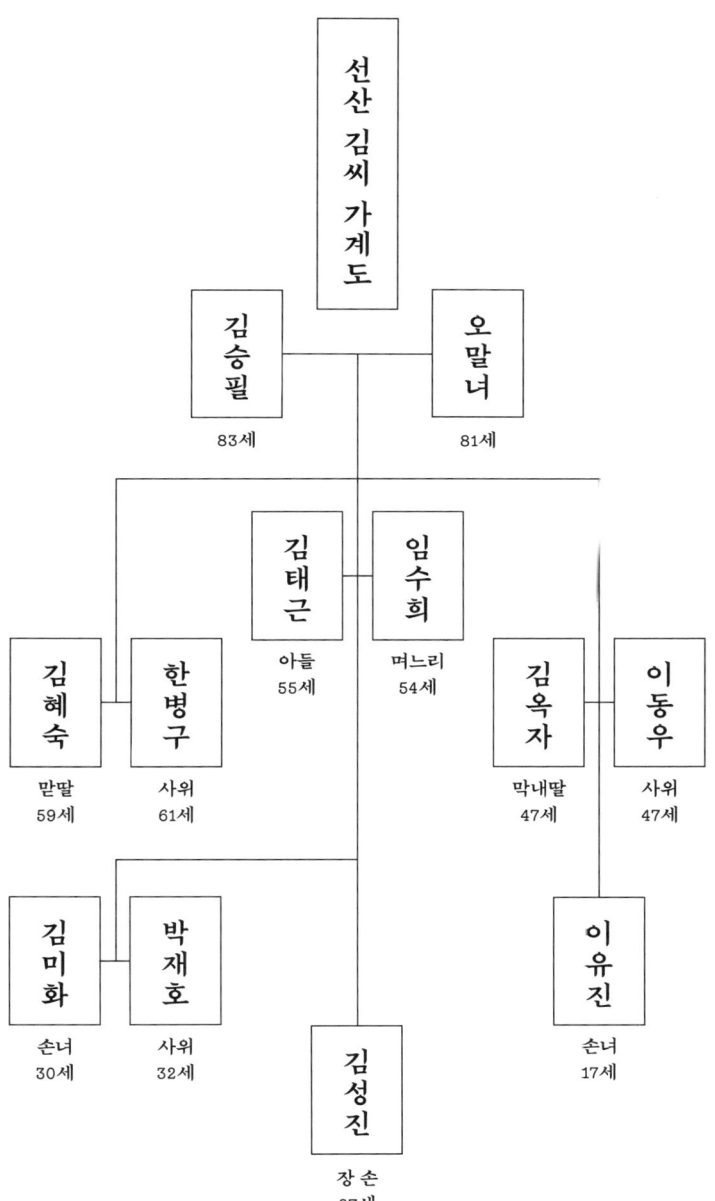

선산 김씨 가계도

김승필
83세

오말녀
81세

김태근
아들
55세

임수희
며느리
54세

김혜숙
맏딸
59세

한병구
사위
61세

김옥자
막내딸
47세

이동우
사위
47세

김미화
손녀
30세

박재호
사위
32세

김성진
장손
27세

이유진
손녀
17세

■

House of the Seasons

장 손
長 孫

Contents
次例

각

본

Screenplay

脚

本

■

1. 두부 공장 - 실내/낮

프롤로그.

앞이 보이지 않는 안개가 자욱한 공간…

물 흐르는 소리와 기계 소음이 가득하고 움직이는 사람들 실루엣만이 어렴풋이 보인다.

누군가 정체 모를 물체를 물속으로 휙- 던지자 첨벙-! 물이 튀고 물 표면이 일렁인다.

잠시 후, 다른 누군가가 달려와 다급하게 소리친다.

수희 목소리
문 열어라, 문! 이러다 죽겠다!

문이 열리자, 실내가 밝아지고 뿌연 안개가 걷히기 시작한다.

그리고 서서히 물탱크에 쌓인 두부가 보이고 두부 공장의 전경이 드러난다…

공장의 책임자로 보이는 수희(여, 54)와 직원 대여섯이 보이는데, 더운 열기에 그들이 입은 흰 유니폼은 물과 땀으로 흠뻑 젖어 있다. 김이 모락모락 나는 갓 만든 두부를 챙긴 수희는 건장한 체격의 재호(남, 32)를 부른다. 재호는 크레인 장비를 이용해 포장된 두부 더미를 옮기고 있다.

수희
재호야! 얼른 마무리하고 온나!

재호

알겠심더, 어무이!

수희

김 사장은 또 어디 갔노?

눈치를 보던 재호는 화투 치는 동작을 하며 '김 사장'이 이미 퇴근했음을 알린다.
고개를 절레절레 저으며 공장 밖으로 나서는 수희.

2. 대명리, 공장 삼거리 – 실외/낮

공장 입구에는 '大明食品(대명식품)'이라고 적힌 큰 나무 현판이 걸려있다.
문을 열고 나오는 수희, 공장 옆으로 난 골목길로 바삐 걷는다.

3. 집, 대문 앞 – 실외/낮

푸른 논이 보이는 길을 걷는 수희, 잠시 후 큰 개량 한옥 하나가 모습을 드러낸다.
대문 현관 기둥에 걸린 나무 문패에는 '金昇弼(김승필)'의 이름이 새겨져 있다.

4. 집, 앞마당 – 실외/낮

산 아래에 있는 개량 한옥은 큰 본채와 작은 별채로 이루어져 있고 앞마당에는 공들여 꾸며진 화단과 수많은 장독대가 있어 집안의 오래된 역사를 짐작게 한다.
두부를 들고 들어오던 수희가 개수대 옆에 두부를 내려놓고 앞치마와 장화를 벗는다.

5. 집, 거실 – 실내/낮

오래됐지만 깔끔하게 유지 보수된 개량 한옥의 실내. 통나무 골조로 된 한옥이지만 세월에 따라 조금씩 변해온 듯 구식과 신식의 조화가 인상적이다. 거실에는 집안 여성들이 음식 준비를 하느라 여념이 없다. 기름종이를 깔아놓은 두부 상자 안에는 상당히 많은 양의 전이 소복이 쌓여 있다. 빳빳한 모시 적삼을 입은 말녀(여, 81) 능숙하게 전을 부치지만, 임신 5개월 차인 미화(여, 30) 서툰 솜씨로 애를 먹는다.

미화
(부추전을 뒤집으며)
할매, 이거 자꾸 찢어진다.

말녀
익을 때까지 진득하이 기다리라 안 카나.
(미화를 찰싹 때리며)

기름도 이기 뭐꼬! 덴뿌라 하나, 가시나야!

미화

아까는 또 많이 두르라매!

더운 날씨에 땀을 흘리며 전을 부치는 미화.
부엌에서 생선을 들고 오는 혜숙(여, 59)은 투덜거리는 미화를
보고 웃는다.

미화

고모, 지금 몇 돈데?

혜숙

(온도계를 확인하며)
삼십……이 도!

미화

아, 할매! 에어컨 틀자, 그냥!

혜숙과 미화의 성화에도 아랑곳하지 않고 선풍기 스위치를 '중'
에서 '강'으로 높이는 말녀.
잠시 후, 수희가 두부 한 판을 들고 거실로 들어온다.

수희 목소리

저 왔으예!

혜숙

아이고, 고생했다!

엄마! 에어컨 저거는 뭐 인테리어가!

말녀
다 시마이 했나?

수희
예, 아직 많이 남았으예?

혜숙
인자 다 했다. 박 서방은?

수희
마무리하고 오라 캤심더.

수희가 거실 중앙에 두부를 내려놓자 시식하기 위해 모이는
말녀, 혜숙, 미화.
모두 두부를 한 입씩 먹고는 신중하게 음미한다. 수희는 아무런
반응이 없는 말녀의 눈치를 조심스레 살핀다. 정적이 흐르고…
긴장된 분위기를 깨려고 괜히 호들갑을 떠는 미화.

미화
오~ 진짜 맛있다!

말녀
콩 몇 시간 불린 기고?

수희
네 시간예…

반응이 없는 말녀… 판결을 내리듯 입을 연다.

장 손 ■

말녀

간수를 마이 썼네. 가서 불린 콩 좀 가져오니라.

'역시나...'하는 표정의 수희, 말녀를 만족시키지 못해 아쉬워
한다.
직접 두부 만들 준비를 하러 부엌으로 향하는 말녀.

혜숙

엄마, 그냥 대충 이거 올려라! 오늘 밖에 몇
돈지 아나!
(수희 눈치를 보며)
별 차이 없구만은…

혜숙의 위로에 마지못해 웃는 수희, 일어나서 부엌으로 향한다.
소란스러운 거실 소리에 작은방에서 태근(남, 55)이 문을 열고
고개를 내민다.
태근의 뒤로 화투를 치고 있는 동네 사람들이 보인다.

태근

와 또 시끄럽노!

미화

아빠, 할매가 또 두부 만든단다.

태근

에헤이! 할마시 뭐 한다고 또 그라노! 그냥 대충
올리지!

태근은 직접 두부를 만들려는 말녀를 타박하지만 아무런 대답 없이 집 밖으로 나서는 말녀. 부치던 전을 까먹고 있던 미화가 급히 다시 전을 뒤집고, 고소한 전 냄새를 맡은 태근이 입맛을 다신다.

태근

거… 전 부서진 거 좀 없나…?

미화

할매한테 혼난데이!

혜숙

(버럭) 니는 일은 안 하고 먹을 줄은 아나!

태근은 미화에게 몰래 챙겨달라는 신호를 보내고는 창문을 급히 닫는다.

6. 대명리, 공장 삼거리 - 실외/낮

땡볕이 내리쬐는 무더운 대낮의 골목길. 모시 두루마기를 입고 중절모를 쓴 노인이 손수레를 끌며 힘겹게 두부 공장을 향해 걸어간다.

7. 두부 공장 - 실내/낮

공장 문을 열고 들어오는 노인.
그제야 얼굴이 드러나는데, 집안의 가장 큰 어른이자 두부 명
인인 승필(남, 83)이다.
고집스럽고 근엄한 모습의 승필. 직원들이 지나가면서 승필에
게 깍듯하게 인사한다.
만들어진 두부를 검사하듯 이리저리 살펴보는 승필.
승필을 발견하고는 뛰어오는 공장장, 기환(남, 71).

기환
형님, 어디 갔다 오십니꺼?
(손수레를 들며)
들어 드릴까예?

괜찮다며 손사래를 치는 승필, 지친 걸음걸이로 손수레를 끌
며 반대편 출구로 나간다.

8. 집, 부엌 - 실내/낮

부엌 식탁에서 도라지와 콩나물을 손질하는 혜숙, 미화.
집안 어른들이 없는 틈을 타 제사 시간을 바꿀 궁리를 하고 있다.

미화

우리 어머님이 이번 설에 딱 그러시더라고.
나는 이제 제사 안 지낼 거니까 느그들도 오지
마라!

혜숙

사돈 집안에서는 뭐라 안 카나?

미화

어머님이 시부모 치매 수발을 십 년 했는데
누가 뭐라 카겠노…
(닦던 제기를 내려놓으며)
이런 것보다 살아있을 때나 잘해야지, 뭐!

데친 시금치를 들고 오는 수희는 투덜대는 미화에게 핀잔을
준다.

수희

야! 니나 잘해라, 떠들지 말고!
하기 싫으면 느그 집에 가라!

미화

아니, 요새 누가 열두 시에 제사를 지내냐고!
우리 오빠야는 새벽에 또 공장 와야 되잖아!

혜숙

근데 조상이 귀신이라 카머, 제사 시간이
바뀌더라도 귀신같이 알아차리고 와야 하는 거
아이가?

수희

아이고, 형님! 아버님 알면 큰일 나셔예! 말도
꺼내지 마이소!

혜숙

다 같이 교회 다니면 제사도 안 지내고 얼마나
좋노!

수희

하하… 제사 안 하는 거 그거는 좋긴 하네요,
형님.

(승필을 보고 놀라며)

아이고, 다녀오셨으예…

어느새 집에 들어와 검은 비닐봉지를 내려놓으며 집안 여자들
을 노려보는 승필.
미화와 수희는 당황해서 횡설수설한다.

미화

오늘 진짜 덥제, 할배?

수희

무, 물 한 잔 드릴까예?

승필

…성진이는?

미화

아까 곧 온다고 연락은 왔는데…

미화의 말을 끝까지 듣지도 않고 큰방으로 들어가 버리는 승필. 세 사람은 승필이 조금 전 대화를 모두 들었을까 봐 조마조마하다…큰방 쪽으로 모든 신경을 집중하는 세 사람. 뒤이어 부엌으로 들어오는 말녀, 의아한 표정이다.

승필 목소리
(멀리서 들려오는)
오거든 지방이랑 축 써라 캐라!

말이 끝나기 무섭게 큰방 문이 쾅-! 닫힌다.
큰 소리에 움찔하는 여성들, 눈을 질끈 감으며 '망했다…'는 표정이다.

혜숙
노친네, 다 들었는갑네…

말녀
또 와 저카노?

혜숙
엄마, 아부지 나중에 돌아가시머 제사도
그만하자, 인자!

말녀
이기 다 느그 잘되라고 하는 기지, 누구
좋으라고 하노!
(불현듯 생각나서)
미화 애미야, 니 저번에 내가 말한 상조 그거

장손 ■

들었나?

수희

아이고, 어무이! 됐심더, 뭐 할라고 카능교!

무슨 말인지 모르는 혜숙과 미화는 의아한 표정.

말녀

너거도 내 말 단디 들어래잉.
저번 주에 경산댁이랑 성암 보살한테 갔는데
아인나…
올해 할아버지캉 내캉 이별수가 있다 카더라.

큰일인 줄 알고 긴장했다가 어처구니가 없다며 웃어넘기는 가
족들.

혜숙

아이고, 하나님 아버지…

미화

할매는 그런 거를 믿나!

말녀

웃을 일이 아이다! 와 몇 년 전에도 몸에 칼
대는 사람 있다 카디마.
저 양반 딱 대장암 수술했다 아이가… 내 말
단디 듣고 상조 준비해놔라이!

수희

예, 예. 알겠심더, 어무이.

대충 대답한 수희는 승필이 가져온 물건을 확인하러 자리에서 일어난다.

미화

할매… 그 보살, 성진이 보고 대통령 된다 캤다!

말녀

와? 우리 집 장손이 대통령 되지 말란 법 있나!

혜숙

그래, 미국에 레이건 대통령도 원래 배우였다 아이가!

미화

고모까지 와 카노!

수희

아이고, 아버님도 참! 수박 사놨는데!

승필이 가져온 검은 봉지에는 수박이 들어있다. 웃음이 터지는 가족들.

미화

와… 할배는 성진이밖에 없다…

말녀

(미화에게)

근데 야는 와 아직도 안 오노?

혜숙

일이 바쁜갑지, 뭐…

미화

하이고, 지가 바쁘긴 뭘 바빠!

식탁 옆에 수박을 내려놓고 자리에 앉던 수희, 남몰래 미화의
옆구리를 찌른다.
자기가 못할 말이라도 했냐는 듯 수희를 흘겨보는 미화.

말녀

(손으로 숫자를 세며)
성진이가 올해 날삼재라가 내년부터는 조금씩
나아질기라…

이때 미화의 전화가 울리고 발신자를 확인하고는 피식 웃는
미화.

미화

(휴대폰을 들어 보이며)
하이고, 대통령은 무슨… 양반도 안 되는구만!

9. 대명리, 마을 입구 - 실외/낮

푸른 가로수가 쭉 이어진 마을 외곽의 2차선 도로.
경운기가 천천히 지나가고 갓길에 택시 한 대가 비상등을 켠
채로 정차해놓은 상태.
그 옆에 쭈그려 앉아 통화하는 성진(남, 27)의 뒷모습이 보인다.
토를 했는지 물로 입을 헹구는 성진.

성진
아, 진짜 술 안 마셨다니까!
(사이)
갑자기 속이 미식거려가 그랬다고…
(사이)
내가 지금 십만 원이 어디 있노!

택시기사 목소리
참 나… 뭐고, 이게…

나이를 지긋이 먹은 택시기사가 투덜거리며 물로 씻은 바닥
매트를 들고 지나간다.
택시 기사의 눈치를 슬쩍 보는 성진, 초라한 행색이다.

성진
아, 쫌! 나올 끼가, 말 끼가!
(사이)
야, 니는 그걸 왜 말하는데! 나오지 마라 캐라!

누나! 아버지 나오지 마라 캐라, 알겠나!

태근이 마중 나갈 것이라는 말에 신경질적인 반응을 보이는
성진.

얼마 후, 태근이 택시 기사에게 돈을 건네며 사과를 하고 있고,
멀찍이 떨어진 성진은 카메라 가방을 비롯한 무거운 짐을 잔
뜩 들고 서 있다.
택시를 보내고 성진에게 다가오는 태근, 왼쪽 다리에 장애가
있는지 약간 절뚝거린다.

태근
으이구, 사나 새끼가 술 먹고 토나 하고…
성진
아니라고! 어제 촬영이 늦게 끝났다니까요!

태근에게는 표준어로 대답하는 성진, 예민하게 반응한다.
태근이 성진의 짐을 대신 들어주려고 하지만 성진이 괜찮다
며 손사래 친다.
억지로 카메라 가방을 빼앗아 들어주는 태근.
이후 아무 말 없이 어색하게 거리를 두고 마을 안으로 걸어가
는 두 사람.

10. 두부 공장 – 실내/낮

공장 문을 열고 들어오는 두 사람. 이미 청소가 끝나그 직원들
이 다 퇴근한 상태다.
태근은 공장을 천천히 훑어보면서 성진에게 자랑한다.

태근

잘 해놨제? 예전이랑은 차원이 다르다. 인자 마
내가 곧 대구 1등이다, 1등!
나중에 투자 좀 더 해가 해썹 인증을 받잖아?
그럼 마! 앉아가 돈 번다, 앉아가!

열심히 자랑하던 중에 냉장실에서 재고를 확인하던 기환과 재
호가 밖으로 나온다.

재호

성진이 왔나!

기환

아이고, 이기 누고!

두 사람을 발견하고 밝은 표정으로 인사하는 성진.

성진

잘 지내셨어요?

(재호에게)

히야, 살쪘네!

태근

'히야'가 뭐고! 매형한테!

기환

이야, 성진이 서울 가더니 인물 난대이!
태그이 어렸을 때보다도 니가 훨 낫다!

태근

오늘 아재 집안도 제사 아인교? 얼른
마무리하고 퇴근하이소.

태근은 기환이 못마땅한지 괜히 퉁명스럽게 대답하며 나간다.
소심한 태근을 보며 피식 웃는 세 사람.

11. 집, 앞마당 - 실외/낮

줄줄이 늘어선 장독대 뒤로 붉은 장미가 피어있는 화단이 눈
에 띈다.
전정 가위로 튀어나온 가지와 약한 꽃들을 과감하게 잘라내
는 말녀.
잘라낸 마른 가지를 모아 아궁이에다가 불쏘시개로 집어넣는다.
마당으로 들어서는 태근은 땡볕에서 두부를 만드는 말녀에게
볼멘소리를 한다.

태근

참 별나다, 별나! 그카다 또 아프다 캐라!

태근이 집 안으로 들어가고 잠시 후 성진의 목소리가 들린다.

성진 목소리

오말녀 씨!

말녀

아이고, 왔나!
와 이렇게 애빘노! 니 밥은 묵고 댕기나!

성진이 앞마당으로 들어오자 성진의 얼굴을 만지며 땀을 훔
치는 말녀. 성진 또한 삐쩍 마른 말녀의 볼을 손으로 감싼다.

성진

할매가 더 애빘다!

말녀

(성진의 옷깃을 펄럭이며)
아이고, 땀 봐라, 땀! 덥다, 얼른 드가자!

땀에 젖은 성진의 티셔츠 옷깃을 펄럭이며 열기를 식히는 말
녀. 성진은 뒤에 숨겨놓았던 블루투스 마이크를 꺼낸다.

성진

할매! 선물!

장 송 ■

말녀

안 사와도 된다 카이!

(마이크에 대고)

아! 아! 미화야! 성진이 왔다! 에어컨 틀어라!

집 안으로 들어가는 성진과 말녀.

말녀는 성진이 맨 가방을 아래에서 위로 들어주며 성진의 뒤를 종종 따라간다.

12. 집, 거실 – 실내/낮

집 안으로 들어서며 '성진이 왔다'고 소리치는 말녀, 마이크에 대고 외치는 모습이 자못 우습다. 제기를 닦던 집안 여성들이 성진을 반긴다.

말녀

성진이 왔다!

혜숙

성진이 왔나!

수희

니 지금 시간이 몇 시고!

성진

아, 기차가 좀 막히가꼬…

미화

야! 니 빨리 와서 이거나 도와라!

말녀는 성진의 가방을 바닥에 내려주고는 온도계를 확인한다.

말녀

인자 35도네! 얼른 에어컨 틀어라, 얼른!

미화

진짜?

(온도계를 확인하고)

31도네! 아까 틀어달랄 칼 땐 안 틀어놓고!

큰방으로 향하는 성진을 불러 세워 무언가를 속삭이는 미화.
난감한 표정의 성진.

성진

니가 말해라, 왜 나한테 카는데?

미화

누나한테 '니'가 뭐고? 죽을래?

성진

(잠시 고민)

…그럼 얼마 줄 건데?

미화

하 새끼… 아까 십만 원, 그거 내 돈이다.

13. 집, 큰방 – 실내/낮

성진이 온 것을 알면서도 모르는 척 점잖을 빼고 있는 승필. 눈은 책에 가 있으나 신경은 온통 밖에 가 있다. 한쪽 벽에는 고서와 서류 더미가 쌓여 있고 벽에는 박정희 휘호 액자가 걸려 있다. 잠시 후, 노크 소리가 들리고 문이 열린다.

성진

할아버지, 저 왔습니다.

승필

왔나.

문밖에서 절을 올리는 성진. 책을 내려놓고 성진을 향해 돌아앉는 승필, 반가운 내색을 최대한 숨기고 근엄한 모습을 보이려고 애쓴다.

승필

그래, 하는 일은 잘 되고?

성진

예, 뭐…

승필

(책을 꺼내며)
니 오면 보여 줄라꼬 챙겨놨는데… 이번에
문중에서 족보를 새로 만들었거든. 새로 들어갈
사람이랑 오류 이런 거 싹 다 수정해가꼬…

여기 보머 구미 김씨 형정공파…

승필은 미리 접어둔 페이지를 펼치며 의욕적으로 설명하지만, 성진은 별 관심이 없다. 미화는 성진의 옆쪽에 숨어서 발로 몰래 툭툭 찬다. 눈치를 보다가 입을 여는 성진.

성진
할아버지… 오늘 제사를 좀 일찍 지내면 안 될까요…?

승필
뭐라카노?

성진이 말이 없자 문 뒤에 숨어있던 미화가 얼굴을 삐쭉 내민다.

미화
아, 할배! 오늘 큰고모도 병원에 가야 되고, 나도 몸이 안 좋다!

승필
쌍놈도 아이고 제사를 전날에 지내는 게 어딨노.

미화
아홉 시에 지내면 성진이 자고 간다 카던데…

성진
아… 저도 자고 가고 싶은데 내일 일이

장손 ■

있어서…

금시초문에 당황한 성진. 말녀가 다가와 성진에게 실내복을
건넨다.

말녀

뭐라카노! 오랜만에 왔는데 자고 가야지!

(민소매를 건네며)

자, 더운데 소데나시로 갈아입고!

고민하던 승필은 탐탁지 않지만 할 테면 해보라는 식으로 허
락한다.

승필

…니들 마음대로 해라!

신난 미화는 부엌으로 뛰어가서 희소식을 전하고, 성진은 '집
에 괜히 왔다'는 표정이다.

14. 집, 성진의 방 – 실내/낮

벽에 걸린 각종 상장과 책장에 꽂힌 책들, 어린 시절 미화와 성
진의 사진도 보인다.
성진의 방은 성진이 고등학교 때까지 쓰던 모습 그대로를 유

지하면서 창고를 겸하고 있다.

계속 남아있는 자신의 방이 부담스러운 성진. 문 옆에 벽지에는 성장하면서 키와 몸무게를 기록한 글씨가 남아있는데 그곳에 서서 다시 키를 재본다. 이미 훌쩍 커버린 모습.

잠시 후, 수희가 방으로 들어와서는 효자손을 들고 다짜고짜 성진을 때리기 시작한다.

성진이 날렵하게 요리조리 피해 보지만 역부족이다.

밖에서 눈치챌세라 작은 목소리로 따지는 수희.

수희

(효자손으로 때리며)

너거 아빠 때문에 죽겠는데, 니까지 와카노!

성진

엄마, 내가 무슨 도박을 한 것도 아니고…

수희

야, 남들이 안 불러주면 연기를 안 하면 되지!
뭐 한다고 니 돈으로 영화를 찍고 앉았노!

성진

인자 예전이랑 다르다!
자기가 직접 글을 쓰든, 영화를 찍든 자기
콘텐츠가 있어야 한다고!

수희

마 됐고, 그래서… 전세 보증금 얼마나
남았노…

성진

그거… 뭐 얼마나 된다고…

충격을 받은 수희가 다시 효자손을 들려고 하자, 수희를 껴안고 놓지 않는 성진, 최대한 수희를 진정시키려고 노력한다. 성진이 놓아주지 않자, 성진의 어깨를 꽉- 깨무는 수희. 성진, 악- 소리를 내며 침대로 쓰러진다.

수희

뭐 제대로 진득하게 하는 기 없다… 이 집안
종자가 문제다, 종자가!

핏줄을 강조하는 수희의 발언에 발끈하는 성진.

성진

아! 아버지캉 내캉은 틀리지!

수희

전세방에서 쫓겨나든 말든 인자 더 이상은 못
도와준다!
돈 달라 카기만 캐봐라, 콱 그냥!

말녀 목소리

성진아 밥 무라!

말녀의 부름에 기회를 포착하고 도망치는 성진, 수희는 성진의 등짝을 때린다.

수희
수희

이럴 거면 그냥 내려와가 두부나 만들어라!

15. 집, 거실 - 실내/낮

에어컨 바람이 나오는 거실 테이블에서 식사 중인 성진. 말녀가 옆에서 지켜보고 있다. 성진이 제사에 올릴 음식에 손을 대자 성진의 손을 툭! 치는 미화.

미화

제사 지낼 거니까 나중에 무라!

말녀는 멀쩡한 전 하나를 집어 일부러 부순 다음 성진의 밥그릇 위에 올려준다.

말녀

(능청스럽게) 아이고! 부러진 게 요 있네. 마이
무라, 마이.

미화

아, 진짜!

성진

(콜록거리며) 컥- 컥-! 엄마, 물 좀!

말녀

너거 누부 배 봤나? 인제 넉 달도 넘었다.

성진

아, 맞나… 원래 배가 나와가 못 알아봤다.

미화

니 죽을래, 진짜?

성진에게 물을 건네고 옆에 앉는 수희, 성진의 귀를 잡아당긴다.

수희

(나지막이)
물은 니가 떠 무라…

성진

아!

영문도 모른 채 귀를 뜯긴 성진은 억울한 표정이다.

말녀

니 요새는 와 TV에는 안 나오노?

성진

드라마보다는 영화에 조금 집중하고 싶어서…

혜숙

태근아, 수박!

혜숙이 수박을 들고 오자, 승필의 수박 접시를 들고 큰방으로
향하는 미화.
작은방에서 태근이 나와서 성진의 맞은 편에 앉는다.

말녀

니 저번에 나온 드라마 제목이 뭐였지?

성진

어떤 거? 뭐 한두 작품이어야지…

말녀

그 아인나! 기생오라비같이 생긴 주인공이랑
같은 회사 댕기는 거, 그거!
정장 딱 입고!

혜숙

그거 요새도 가끔 재방송 하던데? 주위에서
다들 재밌다 카더라.

태근

드라마 나온다 캐가 다 같이 모여가 봤디마
나는 뭐 찾지도 못하겠더만!
숨바꼭질하는 것도 아이고…

태근의 장난에 빈정이 상한 성진.

말녀

KBS에는 언제 한번 나오노! 거 나오게
해달라고 말해봐라!

혜숙

그기 뭐 말처럼 쉽나! 고모는 나훈아 싸인
하나면 된다, 알제?

성진

조금만 기다려봐라. 내가 다 알아서 해줄게!

태근

돈도 안 되는 딴따라 해가 뭐 할래?
어차피 나중에 니가 할 긴데 내려와가 공장
일이나 배워라!

태근이 또 자존심을 건드리자 표정이 일그러지는 성진. 미화
도 은근히 태근의 발언을 의식한다.

성진

…두부 그게 뭐 그렇게 대단하다고 딴따라니
뭐니…

수희

(말을 끊으며) 그건 뭐 성진이가 다 알아서
하겠지예, 하하…

갑자기 어색해진 분위기. 이때 일을 마친 재호가 땀에 젖은 채
로 들어온다.

재호

저 왔십니더!

미화

오빠 왔나!

혜숙

고생했다, 박 서방! 수박 무라!

수희

아이고, 땀 봐라!

수건을 가지러 일어나는 수희.

재호

어무이, 오늘 연두부랑 순두부 다
나갔심니데이!

수희

내일 오전에 작업해야겠네.

미화는 가장 크고 맛있는 수박 조각을 재호에게 건넨다. 수박
을 보던 말녀는 옛날 생각이 났는지 갑자기 웃는다.

말녀

그때가 성진이 야가 5살 때쯤인가… 공장에
놀러 와가 갑자기 수박이 먹고 싶다 카는
기야…

성진

또 시작이다, 또!

말녀

그때가 정월이라 막 눈이 엄청시레 내렸거든.
그래가 '성진아~ 수박은 아있나~ 더울 때! 땀

날 때! 그때 먹는기다~' 내가 이캤거든. 근데
한 30분 뒤엔가 동네를 한참 뛰다 와가꼬 땀을
뻘뻘 흘리면서 '할매! 내 땀 흘린다! 얼른 수박
사도! 수박 사도!' 이칸다. 얼매나 우숩던지!

어린 시절 성진을 따라 하는 말녀의 행동에 웃음보가 터지는
가족들.
수희는 재호에게 수건을 건네고 자리에 앉는다.

미화
그때는 진짜 귀여웠는데!

수희
(성진을 볼을 잡더니) 야, 이 도깨비야!
니가 우리 아들 잡아 무쩨! 니가 잡아 무쩨!

수희의 장난에 성진만 빼고 다들 웃음바다가 된다.

16. 여름 몽타주 – 실내, 실외/낮

나른한 오후에 어울리는 편안하고 따뜻한 음악이 깔리고… 몽
타주 시퀀스 시작된다…
두부 상자에 소복이 쌓인 각종 전과 제사 음식,
성진이 붓으로 축문을 쓰고 있다. '……諱日竝臨(휘일병
림)……'

바람이 드나드는 거실에서 곯아떨어진 재호의 귀를 파주는 미화,
선풍기 바람을 쐬며 수희의 어깨에 파스를 붙여주는 태근,
마당에서 두부를 만들고 있는 말녀, 맷돌이 올려진 두부 틀 아래로 떨어지는 순물,
본채에서 나와 옆에 있는 별채로 들어가는 혜숙, 무릎을 꿇고 기도하는 혜숙,
작업을 마치고 아무도 없는 공장의 전경,
공장 삼거리를 지나쳐 산으로 가는 승필과 성진.

17. 산, 산길 - 실외/낮

풀벌레 소리가 진동하는 푸른 산속. 구름 그림자가 조금씩 이동 중이다.
멀리서 산길을 오르는 승필과 성진의 모습이 보이는데 승필의 걸음걸이가 성진보다 훨씬 빠르고 힘차다. 승필을 따라가는 것만 해도 버거운지 거친 숨을 내쉬는 성진.

18. 대명리 - 실외/낮

산언덕에서 내려다보는 대명리(大明里) 전경.
푸른 논밭이 가득한 대명리는 여전히 목가적인 전통 마을의 모습을 간직하고 있다.

19. 산, 묘지 - 실외/낮

족히 백 평이 넘어 보이는 김씨 집안의 묘지, 정성 들여 관리
된 상태다.
수많은 봉분 중 아래쪽에 승필의 부모님 봉분 두 개가 자리하
고 있고 그 밑으로도 못자리를 쓸 공간이 충분히 남아있다. 부
모님 봉분을 돌며 잡초를 뜯는 승필과 성진.
계속 이어지던 음악이 마무리되며 몽타주 시퀀스 종료된다…

잠시 후, 못자리 정리를 끝내고 나란히 앉아있는 두 사람의 뒷
모습.
묘지 앞으로 마을 전경이 내려다보인다. 승필이 가방에서 검
은 비닐봉지를 꺼내는데, 그 안에는 뻥튀기가 들어있다.

승필
누구 주지 말고 니 혼자 무라.

피식 웃는 성진, 성의를 생각해서 뻥튀기 하나를 집어 먹는다.

승필
이 터가 좋아가 공장도 잘되고 니도 잘되고
하는 기다.
(뜬금없이) 결혼은 언제 할라 카노?

결혼 이야기에 또 시작이라는 듯 뒤로 누워버리는 성진.

성진

또 시작이다, 또!

승필

너거 아버지도 독자, 니도 독자, 그라이까 최소
아들 셋은 낳아야 된다!

성진

참나… 돈도 없고 아무것도 없는데 누가 시집을
오노!

승필

그런 건 내가 다 알아서 해줄 거니까 일단
색시만 델꼬 온나!

귀가 솔깃해진 성진은 몸을 일으켜 세우고는 승필을 슬쩍 떠
본다.

성진

할아버지 돈 많아요?

갑자기 자리에서 일어서는 승필, 뒤쪽 숲으로 급히 걸어간다.

성진

어디 가세요?

불러도 대답이 없는 승필. 다급하게 숲 안으로 가서 바지를 주
섬주섬 내린다. 제대로 보이지 않으나 용변을 보는 듯한 승필

047

의 모습.

승필 목소리

가방에서 그거 좀 가지고 온나…

성진이 옆에 놓인 승필의 가방을 열어보면 그 안에 휴지와 함
께 성인 기저귀가 들어있다. 그제야 승필의 건강 상태를 눈치
챈 성진, 마음이 무거워진다. 기저귀와 휴지를 승필에게 건네
고 등지고 앉아 먼 산을 바라보는 성진.

20. 집, 대문 앞 – 실외/낮

승필과 성진이 집 앞에 도착하면, 서울에서 방금 내려온 옥자
(여, 47)와 동우(남, 47)가 두 사람을 반긴다. 태근은 동우의 회
색 벤츠를 구경하고 있고 집 안에서 옷을 갖춰 입은 가족들이
하나둘씩 나온다.

동우

저희 왔습니다!

옥자

아버지, 저희 왔어요! 성진이 일찍 왔네!

성진

이제 오셨어요?

표준어를 구사하는 옥자와 동우는 세련된 정장 차림에 꽤 부
티가 난다.
고개를 끄덕이며 무심하게 인사를 받는 승필.

동우

장인어른은 어째 점점 더 젊어지세요. 성진이가
친구랑 들어오는 줄 알았어요.

동우가 회심의 농담을 던져보지만 별 반응이 없는 승필.
승필의 바지에 붙은 나뭇잎을 털어주는 옥자.

옥자

아버지 살 좀 빠졌다?
(코를 킁킁거리며)
무슨 냄새야, 이게?

옥자는 코를 막으며 얼굴을 찡그리자, 뒤에서 말녀가 옥자의
허리를 쿡 찌른다.
검은 봉지를 뒤로 슬쩍 숨기는 승필. 수희는 자연스럽게 말을
돌린다.

수희

아버님, 금방 해지니까 옷 갈아입고 나오셔예.
성진이 니도, 얼른!

승필과 성진이 집 안으로 들어가고, 혜숙이 옥자에게 귓속말을 한다. 그제야 자신의 실수를 알아차리고 미안해하는 옥자. 태근은 여전히 동우의 벤츠에서 시선을 떼지 못하고 있다.

태근

이 서방, 이 벤쓰는 한 달에 기름값이 얼마나 드노?

동우

아휴, 형님! 그런 거 고민하면 이런 차 못 타죠!

유쾌하지만 약간 거만한 모습의 동우. 이에 꿀리기 싫은 태근은 괜스레 따라 웃는다.

21. 대명리, 보호수 - 실외/해질녘

500년 넘게 살아남은 커다란 마을 보호수 앞에서 가족사진을 찍기 위해 서 있는 가족들. 따뜻한 석양빛이 내리쬐고 있어서 부드럽고 아늑한 분위기. 성진은 카메라를 세팅하고 있고 태근은 앵글을 확인하고는 절뚝이며 가족에게 다가간다.

태근

이야, 이거 돈 받아야 하는 거 아이가! 누가 돈 줄 끼고!

성진의 카메라 시점으로 가족들의 모습이 보인다. 태근은 혜숙 옆에 일부러 약간의 공간을 비워두고 자리를 잡는다. 마지막으로 앵글을 확인하고는 가족 곁으로 급히 달려가는 성진. 말녀에게 무선 리모컨을 건네며 설명한다.

성진

할매, 이거 누르면 사진 찍히거든. 하나, 둘, 셋
하고 누르면 된다, 알겠제?

말녀

오야, 알았다. 자! 하나둘셋-!

찰칵-!
아무런 준비 신호 없이 리모컨을 누른 말녀 때문에 느닷없이 찍혀버린 사진.
각자 담소를 나누거나 화장을 확인하거나 옷매무시를 만지는 우스꽝스러운 모습이다.
정지된 가족사진 위로 가족들의 대화 소리가 오간다.

성진 목소리

아, 진짜… 할매, 찍는다 말을 하고 찍어야지…

미화 목소리

벌써 찍었나?

동우 목소리

찍었어?

수희 목소리

야, 말을 하고 찍어야지!

성진 목소리

아니, 내가 찍은 게 아니라 할매가…

말녀 목소리

하나둘셋 하고 찍으라매!

혜숙 목소리

아이고, 다시 찍으면 되지, 와카노!

성진 목소리

하나둘셋은 맞는데, 내 말은 천천히 하나~둘~
셋…

미화 목소리

야 덥다! 빨리 다시 찍어라!

태근 목소리

해 넘어간다, 해!

옥자 목소리

사진 하나 찍는데 왜 이렇게 말이 많아, 다들!

말녀 목소리

자자! 다시 하나~둘~셋!

다시 셔터 소리가 들리고, 사진 촬영을 마친 뒤 하나둘씩 집으
로 걸어가는 가족들이 보인다. 성진이 카메라를 정리하는데
말녀의 지시를 받은 태근이 슬며시 다가온다.

태근

(조심스럽게) 성진아, 느그 할배… 증명사진
하나만 찍어두자.

성진

(영정사진임을 알아차리고) 찍고 싶으면 아버지가
찍어요.

태근

시내 나가가 찍으면 이십만 원 넘는다 아이가…
(조심스럽게) 찍는 김에 느그 할매 것도 같이 즘
찍어두고…

태근이 뒤를 돌아보면 승필을 자리에 앉히는 말녀가 보인다.
성진에게 빨리 사진을 찍으라고 손짓하는 말녀. 복잡한 심정
의 성진은 말없이 카메라를 들고는 집으로 향한다. 당황한 태
근이 성진을 불러 보지만 대답은커녕 돌아보지도 않는다.

태근

성진아! 김성진!
(혼잣말) 하, 저 새끼, 저거… 카메라는 주고
가지…

이내 포기한 태근은 승필에게 다가가 휴대폰 카메라로 어설프
게 사진을 찍는다.

22. 대명리, 마을 골목 - 실외/초저녁

해가 산 너머로 넘어가고 푸른 빛이 도는 초저녁의 마을 골목.
줄지어 걸어오는 가족들이 마을 사람들과 반갑게 인사를 나눈
다. 마을 사람들 대부분이 제사를 지내는지 집집마다 대문을
활짝 열고 제사 준비에 한창이다.

23. 집, 별채 - 실내/밤

본채 바로 옆에 딸린 별채는 혜숙이 혼자 기거하는 공간으로,
단출하지만 독실한 크리스천의 공간답게 종교 관련 소품들이
가득하다. 바닥에 엎드린 혜숙과 성진, 노트북을 유심히 바라
보고 있다. 노트북 화면에 오늘 찍은 가족사진이 떠 있고 성진
이 능숙한 솜씨로 혜숙의 옆 빈자리에 풍채가 좋은 사십 대 남
성의 사진을 합성한다. 성진의 작업이 진행될수록 혜숙의 얼
굴에 미소가 번진다.

성진
생각보다 고모부 덩치가 크네.

혜숙
야, 젊었을 때는 오십 키로 콩 두 포대씩 들고
그랬다.

사진 속 남자는 현재 병원에 있는 혜숙의 남편, 병구(남, 61)의

건강했던 과거 모습이다.

성진
(조심스럽게) 요새는 좀 어떻노?

혜숙
매일 똑같지, 뭐… 내일 함 올래?
나도 새벽 예배 갔다가 점심 전에는 다시
병원으로 올 끼다.

성진
…고모 아직도 교회 댕기나?

혜숙
와…? 너희 엄마가 뭐라 하더나…?
(웃음) 원래 믿음이 없으면 다 나쁘게 보인다…

성진
…내일 일찍 서울 가봐야 해서 다음에 뵈러
갈게.

혜숙
…니 잘못도 아닌데 괜히 불편해할 필요 없다.
알제?

애써 표정 관리를 하며 마무리 작업을 하는 성진. 그의 머리맡
에 붉은 장미 한 송이가 물병에 꽂혀 있다.

24. 집, 앞마당 - 실외/밤

대문이 활짝 열려있고 집 안에서 가족들이 모여 제사를 지내
는 모습이 얼핏 보인다.
잠시 후, 승필이 축문을 읽는 소리가 앞마당까지 새어 나온다.

승필 목소리
유—세차— 경자--, 유월— 신미—삭-, 이십-
구일—을-축-, 효자- 승필- 감-소고-우--

25. 집, 제실 - 실내/밤

젓가락을 툭툭- 쳐서 정리한 후 돔베기 위에 올려놓는 성진.
제실 안쪽 중앙에 앉아있는 승필을 중심으로, 양옆에 태근과
성진이 서 있고 나머지 가족들은 제실 밖에서 두 손을 모으고
서 있다.

승필
다음은 합문이다.

승필과 태근이 거실로 먼저 나오고 성진이 제실의 불을 끄고
문을 닫는다.
실내의 모든 불을 끄고 모두 제실을 향해 엎드린다.
제실 안쪽의 촛불과 앞마당의 조명만이 깜깜한 거실을 겨우

밝히고 있다.

풀벌레 소리가 들려올 만큼 고요한 실내. 수희가 슬며시 정적을 깬다.

수희

(작은 목소리로)

아이고, 애씨야… 니가 사온 유과를 까먹고 못 올렸다.

옥자

(작은 목소리로)

됐어, 언니. 그냥 나중에 먹어.

수희

아이고, 미안해서 우야면 좋노…

작게 속삭이지만, 워낙 조용해서 모두가 들을 수 있을 정도다.

말녀

개안타. 먹을게 많아가 유과는 안 드신단다.

옥자

뭐래… 엄마, 누구랑 대화하는 거야?

말녀

어무이랑 아버님이 맛있다고 잘 드시고 계시네.

옥자

…엄마, 할아버지 할머니 본 적도 없잖아…

말녀

영천 돔베기가 특히 맛있다 카시네.

수희

어무이예… 돔베기는 올해 수입이라예…

말녀

쓰읍! 그걸 말하면 우야노!

여기저기서 들리는 웃음소리.
헛기침하며 자리에서 일어나는 승필. 이내 웃음소리가 멎는다.
가족들은 자리에서 일어나고 재호가 거실과 부엌 불을 다시
켠다.

제실로 다시 들어가는 승필, 태근, 성진. 부엌에서 수희가 숭늉
이 담긴 쟁반을 성진에게 건넨다. 국을 빼고 숭늉을 상에 올리
는 태근, 수저로 메를 떠서 숭늉에 만다.

승필

잘 잡샀는교?
(가족들에게) 다들 소원 하나씩 빌어라.

승필이 묵념하자 가족들도 고개를 숙이고 각자 간절히 소원
을 빈다.
하지만 혜숙만 홀로 눈을 뜬 채 멍하니 제사상을 바라보고 있다.

26. 집, 대문 앞 – 실외/밤

마당 구석에서 지방과 축을 불사르는 성진과 재호.
숨어서 몰래 담배를 피우는 두 사람, 누군가 나오는 소리가 들리자 재빨리 숨는다.

수희
성진아! 재호야! 어디 갔노!

쥐죽은 듯 가만히 있는 성진과 재호. 주위에 인기척이 없자 수희는 시원하게 방귀를 뿡– 뀌고 집 안으로 들어간다. 입을 막고 웃는 성진과 재호.

27. 집, 거실 – 실내/밤

미화와 수희가 큰상에 음식을 차리고 있고 태근과 동우는 자리에 앉아 사업에 대한 고충을 나누고 있다.

동우
'신도이머이'라고 법인세 인하하고, 외국인
보유 지분율도 확대하고 있거든요. 중앙정부가
FDI도 적극적으로 나서고 있구요.

태근
FDI… 요새는 중국보다는 동남아구나?

동우

인건비가 더 싸니까… 저도 국내 공장 웬만하면
지키고 싶었는데 이제는… 아니, 직원들이
저보다 더 많이 가져간다니까요!

태근

맞다! 직원들 월급 주고 나면 남는 게 없다.

옥자가 양주 한 병을 들고 와서 자리에 앉는다. 술을 따서 태근
에게 한 잔 따르는 동우.

태근

와, 시바스 리갈! 18년! 우리 또 노란 거
좋아하지!

옥자

오빠, 이미 술 좀 된 거 같은데? 조금만 마셔,
정말!

태근

(별거 아니라는 듯)
낮에 맥주 한잔했다, 맥주!

잠시 후, 승필이 큰방에서 나와 큰상 옆에 따로 차려진 독상
에 앉는다.
승필이 자리에 앉자 식사를 시작하는 가족들.

옥자

언니, 식사하고 해! 미화도 먹어, 얼른!

하지만 독상에 앉은 승필은 한 술도 뜨지 않고 그저 목만 축일 뿐이다.
재호와 성진이 뒤늦게 거실로 들어오는데, 승필이 성진을 부른다.

승필

여 오니라.

성진은 재호의 눈치를 보다가 승필의 앞에 앉고, 재호는 쭈뼛거리다가 큰상의 빈자리에 앉는다. 식사를 하려다가 가만히 있는 승필을 보는 성진.

성진

안 드세요?

옆 테이블에서 동우가 조심스럽게 다가와 승필에게 위스키를 권한다.

동우

아버님, 이거 '시바스 리갈'이라고 좋은 술인데
향이라도 좀 즐겨보세요.

장 손 ■

동우가 빈 잔에 술을 따르려는데, 잔을 들어 동우 반대편으로 쾅! 내려놓는 승필.

승필
다들 원하니까 제를 지내긴 했지만! 아직 날도
안 지났는데 우에 음식을 먹노!

순간 정적이 흐르고⋯ 가족들이 모두 식사를 멈추고 승필을 쳐다본다.
당황한 동우는 멋쩍게 웃지만, 화가 난 옥자가 못 참고 한마디 한다.

옥자
아버지! 이제 이민 가면 잘 못 보는데 오늘까지
이럴 거예요?

승필
이민 가도 우에 월남 빨갱이한테 가노!

동우
예, 공식적으로는 공산국가가 맞는데요. 그런데
거의 모든 분야에서 이제⋯

승필
(말을 끊고)
공산국가에서 사업한다는 미친놈들이 어딨노!

태근
그게 언제 쩍 이야깁니꺼!

요새 베트남예, 경제성장률이 7%가 넘심더.
박통 때랑 비슷합니더!

승필

니는 그렇게 똑똑한 놈이 와 두부 하나도
제대로 못 만드노!

태근

각자! 할 일만 잘하면 됩니더, 아부지예.
가마솥에 콩물 끓이던 시절이랑 지금이랑
비교하시면 됩니꺼!

승필

말만 청산유수다!

태근

이제는 마 공장에 불쑥 들어오고 그러지
마이소!
말은 안 해도 다 불편해합니더!

승필

믿을 만하면 내가 와 들어가노!

태근

그라머 저한테 맡기지 말고 평생 아부지가
하시지 그러십니꺼!

승필

병구만 멀쩡했으면 니한테 맡겼겠나…

병원에 입원해 있는 병구가 언급되자 갑자기 숙연해지는 분
위기…

태근은 독한 위스키를 거푸 들이켜고는,

태근
세월이 흐르면, 흐르는 대로 바뀌는 게, 그게
인지상정입니더…
곧 공장장도 내보내고 전부 자동화로 바꿀
껍니더.

승필
니가 뭘 안다고 기환이를 짜르노!

부엌에서 재호의 국을 들고 오는 미화, 눈치를 보다가 재호 옆
에 앉는다.

태근
아버지는 가만히 계이소! 제 때는 제 방식대로
할 겁니더!
또 나중에 성진이가 하면, 성진이 방식대로
하고 그래야 하는 거 아닙니꺼!

동우
아이고, 오늘같이 좋은 날에 가족들끼리
발전적인 토론도 하고 좋네요.

언쟁을 지켜보던 동우가 슬며시 끼어들어 중재한다.
갈등이 소강상태에 접어드나 싶더니 기름을 부어버리는 성진.

성진

저 두부 공장 안 할 거예요…

태근

니가 안 하면 나중에 누가 하노, 이거를…

성진

그거야 하고 싶은 사람이 하면 되는 거죠, 뭐.

성진이 재호를 바라보는데 재호는 말없이 고개를 둑 숙이고 있다.

태근

그래, 하지 마… (버럭) 하지 마!

태근이 자기 성에 못 이겨 자리를 박차고 일어나는데, 무릎이 밥상을 탁! 치면서 뜨거운 국그릇이 재호의 사타구니로 왈칵! 쏟아져 버린다. 가만히 있다가 날벼락을 맞은 재호!

재호

으아악-!

미화

악-! 오빠-!

놀란 미화는 재호의 바지에 묻은 국 건더기를 급히 털어내고, 동우와 옥자도 놀라서 재호를 살핀다. 아수라장이 되는 음복 자리.

동우

박 서방! 빨리 바지를 벗어!

동우가 재호의 바지를 벗기려고 하지만 사람들이 다 보는 곳에서 벗을 수도 없는 재호.
부엌에서 제사 음식을 포장하던 혜숙과 말녀가 거실의 상황을 관망하고 있다.

혜숙

태근이 저거는 언제 철이 좀 들겠노…

이런 상황이 익숙하다는 듯 무심한 말녀, 은근슬쩍 태근의 편을 든다.

말녀

그래도 나무가 너무 크면 그 밑에 풀이 못
자라는 법이다…
(거실을 향해) 미화야! 재호가 불알 익었는지 안
익었는지 확인해 봐라!

예상치 않은 말녀의 농담에 풉- 하고 웃어버리는 동우와 옥자, 고개를 돌려 웃음을 참아보지만 역부족이다. 화가 난 미화는 불같이 소리친다!

장난치지 마라, 쫌!

28. 집, 대문 앞 – 실외/밤

제사를 마치고 서울로 떠나기 위해 집 밖으로 나오는 옥자네. 가족들도 옥자네의 마지막 배웅을 하는데 승필과 태근의 모습은 보이지 않는다. 가방에서 돈봉투를 꺼내 말녀에게 건네는 옥자. 말녀는 봉투를 밀어내며 서로 실랑이를 벌인다.

말녀

됐다, 마!

옥자

받아! 이제 주고 싶어도 못 줘!

몇 번이나 사양하다가 못 이기는 척 받는 말녀, 봉투 안에서 오만 원권 한 장을 꺼내서 옥자에게 건넨다.

말녀

이거 유진이 한국 오거든 줘라!

자신이 준 돈을 다시 돌려받는 상황에 실소가 나오는 옥자. 이윽고 대문 밖으로 재호와 미화가 나오는데, 재호는 정장 상의에 꽉 끼는 몸뻬바지를 입고 있다.

재호

고모님, 나중에 베트남 가면 쌀국수 사주셔야
합니데이!

미화

나중에 우리 '두부' 태어나거든 같이 놀러 갈게!

심란해진 혜숙이 옥자를 꽉 껴안는데 옥자도 괜히 울컥한다.

혜숙

옥자야… 니 가는데 언니가 되가꼬 해줄기
없다…

옥자

왜 그래… 나 종종 올 거야…

다들 말없이 심란해지는 분위기. 잠시 후, 말녀가 괜히 무심한
척 소리친다.

말녀

이러다 밤 새겠다! 다들 어여 가라!

재호

큰고모님, 저희 가면서 병원에 모셔다드릴게에,
타이소!

혜숙

출국하기 전에 연락해라잉!

파란색 트럭에 올라타서 시동을 거는 재호. 미화와 혜숙은 옥자와 작별 인사를 하고 트럭에 탑승한다. 벤츠에 타는 동우와 옥자.

동우

그럼 저희도 그만 가보겠습니다. 성진아,
전화해!

수희

운전 조심하이소!

옥자

내년 설에 올게!

은색 벤츠가 먼저 출발하고 파란색 트럭이 뒤를 따라 마당을 벗어난다. 작별 인사를 마친 수희와 성진은 집 안으로 들어가는데, 말녀는 떠나는 차를 계속 바라보며 서 있다.

말녀

(혼잣말) 가시나들… 둘이 같은 배에서 나왔는데
어쩜 저래 다르게 살겠노…

29. 집, 부엌 - 실내/밤

거실에는 불이 꺼져 있고 부엌 조명이 겨우 실내를 밝히고 있다. 수희는 혼자 설거지를 하고 성진은 식탁에 앉아 행주로 제

기의 물기를 닦고 있다. 피곤한지 입을 크게 쩌억- 벌리고 하
품하는 성진.

수희

잠깐만 눈 감아봐라.

성진

(눈을 감으며)

왜?

두 눈을 감은 채로 대화를 나누는 두 사람.

수희

피곤해서 죽을 때는 못 자도 이래 눈 감고
있으면 좀 낫더라고…

성진

뭐고, 이게…

수희

요새… 너희 아빠 미우면 잘 때 한 대씩
쥐어박는다.

(주먹을 내지르며)

요래!

성진

(실눈을 뜨며)

그러다가 깨면 우얄라고!

깨면?

(다시 주먹을 내지르며)

안 죽고 깼다고 한 대 더 때리뿐다!

태근의 뒷담화를 하며 웃는 수희와 성진.

어른들이 들을까 봐 킥킥- 최대한 웃음을 참지만, 즈체가 안 된다.

휴- 심호흡하며 겨우 웃음을 가라앉히는 수희. 잠시 후, 차분하지만 서늘한 말투로,

내는 니 두부 공장 하라고 서울 보낸 거 아이다,

알제?

서울에서 잘 살아라…

성진, 눈을 떠서 수희를 바라보는데 뒷모습만 보여서 표정을 읽을 수 없다.

30. 집, 성진의 방 - 실내/밤

책상에 앉은 말녀, 한글 교실 숙제로 〈봄날은 간다〉 가사를 공책에 옮겨 적고 있다.

옆에 앉은 성진은 탄력을 잃은 말녀의 손등 피부를 만지작거

리며 틀린 부분을 바로잡는다.

말녀

산…제…비 넘…나…더…는 성…호? 하?

성진

황! 화! 에 다가 밑에 이응!

말녀

화… 앙!

삐뚤빼뚤한 손 글씨지만 〈봄날은 간다〉 가사를 하나씩 정성
들여 쓰는 말녀.
잠시 후, 멀리서 술에 취한 태근의 목소리가 들리기 시작한다.

태근 목소리

성진아-! 김성진-! 나온나, 얼른!

한숨을 쉬는 성진, 방문을 잠그고 자는 척하려고 실내등을 꺼
버린다.
태근이 들어오지 못하도록 문에 기대어 선 성진.
책상 스탠드 빛만이 방 안을 어스름히 밝히는데, 말녀는 아랑
곳하지 않고 숙제를 이어간다.
말녀가 느리게 가사를 읽는 소리와 태근의 주사 소리가 묘하
게 겹쳐서 들리기 시작한다.

말녀
꽃…이 피…면… 같…이 웃…고 꽃…이

지…면… 같이… 울…더, 던…

태근 목소리
성진아-! 나온나, 얼른! 가족 회의! 십분만!

태근은 주사를 부리며 방문을 두드리지만, 아무런 대답이 없
는 성진.
이미 만취 상태의 태근은 두서없이 소리를 지르며 난동을 부
린다.

태근 목소리
인자, 내가 대구 1등이다, 1등! 대기업에서도
우리 공장 욕심내고 그런다!
공장이 싫어? 개놈의 새끼! 하지 마, 시바! 니
하기 싫으면 박 서방 줘뿐다!
아니면 확 불 질러뿌면 되고!

말녀
알…뜰… 뜰… 한… 그 매…앵…세…에
봄…날…은 간…다

술에 취해 억눌린 것을 털어놓는 태근의 주사.
말녀는 태근의 주사가 하루이틀이 아니라는 듯 별로 신경을
쓰지 않는다.
잠시 후, 큰방 문이 열리는 소리가 들리고 주사를 이어 나가

는 태근.

태근 목소리
아부지! 일어나 보이소! 제가 아부지 하라는 거
안 한 적 있십니꺼!
법대 가라고 해서 법대 가고! 사진관 문 닫고
공장하라 그래가 두부 공장하고! 하라는
대로 다 했잖아예! 제 말이 틀렸십니꺼! 말해
보이소!

말녀
새…파…라…안 푸…울…잎…이…

승필은 자는지 아무런 대답이 없고 태근은 했던 말을 계속 반복한다.
방 안에서 가만히 듣기만 하던 성진은 태근의 주사 레퍼토리를 뻔히 안다는 듯, 입을 뻥긋거리며 태근의 주사를 따라 하는데 얼추 비슷하다. 잠시 후, 수희의 목소리가 들린다.

수희 목소리
제발 좀 조용히 자라! 이 인간아!

태근 목소리
니는 닥치고 디비 자!

화가 난 태근이 바닥에다 무언가를 던졌는지 큰 파열음이 들려온다! 쨍그랑-!

일촉즉발의 상황! 어쩔 수 없다는 듯 문을 열고 거실로 나가는 성진!

31. 집, 거실 - 실내/밤

거실로 나온 성진은 주사를 부리는 태근의 손목을 잡고 제압한다!
뒤이어 나타나 이불로 태근을 덮어씌우는 수회! 실내 전등이 이불에 맞고 시계추처럼 흔들린다. 어수선한 분위기에서 태근을 제압하는 두 사람. 한두 번 해본 솜씨가 아닌 듯 호흡이 착착 맞는다.

태근

　이거 놔! 안 놔?

한쪽 다리가 불편한 태근은 이내 쉽게 제압되고, 성진은 태근의 위로 올라타서 이불로 숨구멍을 막아버린다! 읍- 읍-! 거친 숨을 내쉬며 힘들어하는 태근. 수회가 불을 끄자 어두워진 거실. 세 사람의 모습은 실루엣으로 겨우 형태만 구분할 수 있을 정도다.
잠시 후, 갑자기 곧 죽을 듯이 꽥-! 괴성을 지르는 태근!
이때 방에서 뛰쳐나온 말녀가 성진의 등을 다급하게 친다!

말녀

숨은 쉬게 해줘라! 숨은!

그제야 흥분을 가라앉힌 성진이 이불을 느슨하게 풀어주고…
숨구멍이 트인 태근은 가쁜 숨을 몰아쉰다…
숨이 돌아온 태근은 이상한 소리를 하기 시작한다.

태근

하라는 대로 하겠습니다, 선생님… 살려만
주이소…
하라는 대로 할게요, 선생님… 죄송합니다…

태근이 잠잠해지자 각자 방으로 돌아가는 수희와 성진.
카메라는 가만히 계속 누워있는 태근을 비추고 있다.
태근은 거친 숨을 몰아쉬다가… 탈진한 상태로 스르르 잠들
어 버린다…
잠시 후, 거실로 다시 나오는 말녀. 태근의 목을 들어 베개를
받쳐주고 머리맡에 선풍기를 틀어준다. 미워도 제 자식이라는
듯 더울까 봐 이부자리를 챙기는 말녀.

32. 집, 큰방 – 실내/밤

불이 꺼진 큰방에 누워있는 승필과 성진. 오른쪽에 누워있는
승필은 미동도 없이 자는 중이고, 왼쪽에 누운 성진은 가쁜 호

흡을 가다듬고 있다. 잠시 후, 말녀는 들어오며 괜ㅎ 태근을
변호한다.

말녀

술만 묵으면 저러지, 안 무면 또 얼마나
잘한다고…

성진

지겹다…

말녀

이 집안 남자들은 다 저렇다.
술 지고는 못 가도 마시고는 간다 캤다.

성진

할아버지도 그랬나?

말녀

(손사래를 치며) 하이고… 너거 아빠보다 더 했음
더 했지!

승필

데모하다가 두드려 맞아가 저래 병신 된 거
아이가!

미동도 없던 승필이 갑자기 끼어들자, 놀라는 성진과 말녀.

말녀

재수없게 그 이야기는 뭐 할라고 하노!

판사 되라고 서울 보내놔띠 어만 빨갱이들이랑
어울려 다니가꼬…
배은망덕한 놈들. 우리가 누구 땜에 묵고 사는
긴데!

말녀

뭐라 해도 올림픽 때가 묵고 살기는 좋았지…
그때 아니었음 니 태어나지도 못했다.

성진

그게 내랑 뭔 상관이고…

승필

서울에서 데모한다 캐도 니는 절대 가지
마라이!
빨갱이랑 어울리머… 니도 저래 되는 기다…

승필의 말에 아무런 대답이 없는 성진, 그저 반대편으로 돌아
눕는다.

33. 대명리 - 실외/새벽

아직 깜깜한 깊은 새벽.
지저귀는 새소리와 두부 공장 기계음이 고요한 동네에 울려
퍼진다.

34. 두부 공장 - 실내/새벽

새벽부터 바삐 작업 중인 뿌연 공장 실내.
흰 위생복 차림의 기환과 재호 그리고 수희가 정신없이 두부
를 만들고 있다.

35. 집, 거실 - 실내/새벽

거실에서 팬티만 입은 채로 코를 드르렁- 골며 자는 태근.
잠시 후, 떠날 준비를 마친 성진이 승필과 말녀와 함께 밖으
로 나간다.
맨 뒤에 있던 승필은 나가다 말고 돌아와 선풍기를 태근 방향
으로 조정해준다.
어제 모습과는 사뭇 다른 승필…

36. 대명리, 마을 입구 - 실외/새벽

먼동이 틀 무렵 매미가 세차게 우는 마을 입구에서 승필, 말녀,
성진이 나란히 서서 택시를 기다리고 있다.

말녀
다음에 올 때는 색시 하나 델꼬 온나, 응?

성진

알았다, 쫌!

말녀

할부지는 만날 니 걱정이다. 전화 좀 하고.

승필

할머니한테나 해라!

멀리서 다가오는 택시가 보이자 손을 드는 성진.
승필과 말녀는 들고 있던 가방과 반찬거리를 건넨다. 이것저
것 설명하느라 바쁜 말녀.

말녀

이거 열무김치는 이틀 전에 담근 거이끼네
일주일 뒤에 무라!

성진

내 간다, 들어가세요!

택시에 올라타서 짐을 건네받는 성진, 두 사람을 향해 손을 흔
든다.

말녀

도착하거든 할아부지한테 전화해라!

승필

할머니한테 해라!

성진

　쯤! 둘 다 할게!

이윽고 성진을 태우고 떠나는 택시.
잠시 택시를 바라보다가 마을 안으로 발길을 옮기는 승필과
말녀의 뒷모습.

말녀

　저래 놓고 또 전화 안 한데이, 함 보이소!
　(봉지를 가리키며)
　근데… 그거는 뭔교…? …두부 아이가!

까먹고 성진에게 두부를 미처 전해 주지 못한 승필, 당황한 표
정이다.
말녀가 도로로 급히 뛰어가 보지만 이미 택시는 멀티 떠나버
린 뒤다.

말녀

　(승필을 노려보며)
　아이고! 내가 못 산다, 못 살아!
　그 정신으로 밥은 우에 먹노!

말녀는 승필에게 봉지를 건네고는 빠른 걸음으로 홀로 집으
로 향한다.
말녀의 뒷모습은 점점 멀어져가지만, 승필은 따라잡을 생각이

없는지 천천히 뒤따른다.

화면 점점 어두워지며 페이드 아웃…

37. KTX – 실내/해질녘

완전한 어둠. 슉- 슉- 터널을 지나는 시끄러운 기차 소리가
들린다.

잠시 후, 화면이 밝아지면서 드러나는 가을 풍경. 어느새 붉고
노랗게 물들었다.

카메라 뒤로 천천히 빠지면 KTX 창밖을 바라보고 있는 성진
이 보인다. 어느새 머리도 길고 두꺼운 스웨터를 입고 있는 것
으로 보아, 꽤 시간이 흐른 듯하다. 성진의 품에 종이 가방 하
나가 보인다.

38. 장례식장, 복도 – 실내/초저녁

수많은 근조화환이 나열된 장례식 복도를 걸어가던 성진은 어
느 빈소 입구를 확인하고는 안으로 들어간다. 빈소 안쪽에서
성진이 왔다는 소리와 함께 울음소리가 흘러나온다.

미화 목소리

(울음이 터지며)

엄마! 성진이 왔다…

(울먹이며)

니는 와 인제 오노…

잠시 후 다시 빈소에서 나오는 성진, 안으로 들어가기 힘든 모
습이다…

39. 장례식장, 빈소 – 실내/밤

빈소 바닥에 앉아 오열하는 미화가 보이고 재호가 옆에서 그
녀를 달래고 있다. 가족들은 아직 상을 치를 준비가 되지 않아
상복도 제대로 입지 않은 상태다. 말녀의 동생, 금옥(여, 70)이
채근하자 성진이 빈소 안으로 들어온다.

금옥
성진아… 얼른 들어와가 인사해야지…

미화 목소리

(울음이 터지며)

성진이 왔다… 성진이 왔다…

분향실 안에서 눈이 부은 수회가 그를 맞이하고, 태근은 차마
성진을 쳐다보지 못하고 고개를 돌리고 서 있다. 그리고 구석
에서 넋을 잃고 앉아있는 혜숙.
성진은 종이 가방에서 액자 하나를 꺼내 분향대 위에 올려둔다.

성진이 뒤로 물러서서 절을 하자, 비로소 액자 속 웃고 있는 말녀의 모습이 드러난다…
영정사진치고는 조악하고 흐릿한 말녀의 모습…
급한 대로 여름에 찍은 가족사진에서 말녀의 얼굴을 출력해 온 모양이다.

미화 목소리

(영정 사진을 보고는)
할매! 할매!!

말녀의 영정사진을 보고 울다가 지쳐 쓰러진 미화의 소리가 들리고 재호와 가족들이 미화에게 달려간다.

가족들 목소리

미화야! 미화야!!

40. 장례식장, 빈소 – 실내/밤

어느새 수십 명의 조문객이 접객실에 앉아 술을 마시고 있다. 한쪽 팔을 빼놓은 채 굴건제복을 입은 태근은 대학 동창들과 과거 학생운동 무용담을 하며 시끄럽게 술을 마시고 있다. 흡사 동창회 같은 분위기.

태근

난 카메라 끌어안고 몽둥이로 두드려 맞고
있는데 혜은이가 날라차기로 두 명 까고 내
살리줬다 아이가! 중구 이 새끼는 지 혼자
도망갔지!

성진이 테이블에 음식을 내려놓자 벌써 취기가 오른 태근이
친구들에게 성진을 자랑한다.

태근

인사해라, 우리 아들! 너거들 티비에서 다 봤제?
싸인 하나씩 받아놔라!

태근 친구1

인사를 몇 번이나 시켜! 그만 좀 해라!

태근 친구2

배우로 돈 많이 번다면서? 너희 아빠는 어째
입만 열면 너 자랑이다.

허풍을 떠는 태근이 마음에 안 들지만 애써 웃는 성진.
이때 새로운 조문객이 등장하고, 태근은 갑자기 곡소리를 내
며 빈소 안으로 뛰어간다.
절뚝거리며 뛰어가는 뒷모습이 자못 우습다.

태근

아이고~ 아이고~ 아이고~ 아이고~

장 손 ■

제일 안쪽 접객 테이블에는 친척들과 공장 직원들이 앉아있는데, 금옥이 맏녀가 쓰러진 상황을 설명하고 있다.

금옥
한글 수업 때 '아이고, 와 이래 어지럽노!'
하면서 눕더랍니더.

기환
사람이 안 일어나면 한번 깨워보지, 와 가만히
놔뒀다 캅니꺼!

금옥
일기 숙제인가 그거 안 해가 꾀 부리는 줄
알았다 카네!
망할 놈의 할망구들!

기환
말도 안 된다!

공장 직원1
뇌출혈이라카는 기 원래 그리 갑자기 오는
깁니꺼? 며칠 전에도 정정하셨는데…

금옥
우리 언니 성격 참 급하다, 급해!

기환
아이고, 말도 마이소!
사모님 공장 일할 때도 앉아가 밥 묵는 꼴을 못
봤심더, 제가…

금옥

(성진을 보고) 성진아, 일로 와봐라!

금옥이 부르자 옆에 가서 앉는 성진.

금옥

성진아⋯ 니가 지금부터 잘해야 된데이⋯ 내 말
무슨 뜻인 줄 알제?

성진

네⋯

금옥의 말에 고개를 끄덕이는 성진.

분향실 옆 상주실 문이 살짝 열려있고 성진이 식사가 담긴 쟁
반을 들고 상주실 안으로 들어간다. 벽에 가려 보이지 않는 누
군가에게 말을 거는 성진.

성진

한술이라도 뜨세요⋯

말없이 성진의 손을 잡는 누군가, 승필로 추정된다. 승필을 보
고 마음이 편치 않은 성진.
이때 옥자가 울면서 분향소 안으로 들어온다!

옥자

엄마-! 엄마 어디 가-!

혜숙

옥자 왔나-! 옥자야-!!

수희

애씨야!

혜숙이 옥자를 부둥켜안으면서 덩달아 울음을 터뜨리고 수희가 옆에서 옥자를 쓰다듬으며 눈물을 훔친다. 뒤이어 동우와 고등학생, 유진(여, 17)이 캐리어를 끌고 빈소 안으로 들어온다. 스트릿 패션에 염색 머리를 한 교포 스타일의 유진은 장례식장은 처음 와보는지 긴장한 모습이다. 성진은 동우와 유진에게 다가가 인사한다.

분향소에 혜숙, 수희, 옥자의 곡소리가 울려 퍼지고, 잠시 후 금옥이 빈소로 들어와 곡소리 하는 방법을 제대로 알려주겠다며 시범을 보인다.

금옥

곡소리를 그렇게 내는 기 아이다. 내 따라
해봐라!
아이고- 아이고~ 아이고- 아이고~

세 여성은 진심으로 통곡하지만 점차 자신들도 모르게 금옥의 곡소리를 따라간다. 우스꽝스러운 모습에 유진이 피식! 웃음을 터뜨리자, 동우가 툭 치며 눈치를 준다.

41. 장례식장, 관리사무실 – 실내/밤

관리사무실에서 장례용품 카탈로그를 보고 있는 성진. 장례식
장 직원이 수의를 가져와 테이블 위에 올린다.

장례식장 직원
화장이 아니라 매장이시면 아무래도 고급인
명주로 하시는 게 훨씬 고인을 잘 위로해 드릴
수 있을 거 같고요.

성진
(가격표를 확인하고는)
명주가 제일 비싸네요.

장례식장 직원
명주가… 100만 원인데, 저희가 직접
제조업체에서 가져오는 거라 절대 비싼 거
아니세요.

성진
아, 네…

장례식장 직원
그럼 명주 수의랑 향나무관으로 준비해
드릴까요? 고인 가시는 길 무너지지 않게 좋은
걸로 하셔야 유족분들 마음도 편하실 겁니다.

성진
가족들이랑 상의해 보고 말씀드릴게요.

성진의 뒤쪽 통유리 창으로 급히 들어오는 재호의 모습이 보인다.

사무실 안으로 들어와서 성진의 옆에 앉는 재호.

성진

누나는 좀 어떻노?

재호

너무 놀라가 그렇단다. 좀 쉬면 괜찮을 거라
카네.
(한숨) 나도 도와야 하는데 니한테만 일을
맡겨가 미안하다…

성진

아이다, 원래 내가 해야 하는 긴데 뭐…
내 대신에 우리 매형이 고생이 많네.

밖에서 언쟁 소리가 들리기 시작하고, 소리가 점점 가까워지자 태근의 목소리임을 알 수 있다. 통유리 창밖으로 술에 취한 태근이 장례식장 직원들과 다투고 있다. 성진은 한숨을 쉬며 외면하지만, 재호는 뛰쳐나가 태근을 말린다. 직원들이 태근에게 연신 사과를 하지만 속수무책이다. 이미 불콰하게 주기가 맴도는 태근은 손에 조기 한 마리를 들고 사무실을 향해 고함친다.

태근

당신들 부모 죽어도 이런 거 올릴 기가!

응! 해도 너무한 거 아이가! 이거 봐라, 이거!

(생선을 뒤집으며)

누가 씨바 먹던 거를 제사상에 올렸노! 엉?

니 지금 내 무시하나 엉? 니들 내 누군지 아나!

뒷면이 일부 떨어져 나간 조기 한 마리를 들고 분노하는 태근.
사무실 직원도 뛰쳐나가 태근을 진정시켜 보지만, 태근은 화
를 풀 생각이 없어 보인다.
한참 실랑이를 벌이다 갑자기 화가 나서인지 서러워서인지 울
먹거리는 태근…

태근

이거 너무한 거 아이가… 우에 이런 일이

있노…

응? 우에 이런 일이 있노…

이에 당황한 사람들은 어쩔 줄 몰라 한다. 울먹거리는 태근을
바라보는 성진도 마음이 편치 않다. 성진의 시선으로 땅에 떨
어진 조기 대가리와 태근의 맨발이 보인다.

42. 장례식장, 흡연장 – 실외/밤

늦은 새벽이라 인적이 드문 외부 흡연장.
혼자 담배를 피우고 있는 성진은 생각에 잠겨있다가 갑자기

소리를 내며 울기 시작한다. 조금 전에 태근이 그랬던 것처럼 소리를 내며 울다가, 갑자기 표정을 풀어버린다.
억지로 울어보려고 하지만 눈물이 나오지 않는 성진.
성진은 말녀의 죽음에도 슬픔을 느끼지 못하는 자신을 인정하기 싫은 모습이다.

43. 집, 앞마당 - 실외/새벽

월동 준비를 마친 앞마당이 보이고 젖은 빨래 아래로 빗물이 뚝뚝 떨어지고 있다. 뒤에서 누군가 와서 빨래를 걷는데 상복을 입은 혜숙이다. 오른쪽으로 이동하며 빨래를 하나씩 걷자 여름과 많이 달라진 집 전경이 드러난다. 간밤에 비가 내려서 우중충하고 을씨년스러운 분위기. 성진이 뒤늦게 들어와서 집 안으로 향한다.

44. 집, 거실 - 실내/새벽

불 꺼진 스산한 거실. 여름에 찍은 가족사진이 크게 걸려있다. 사진 속 말녀는 환하게 웃고 있고 어색하게 합성된 병구의 모습도 보인다. 작은방에 가려다가 어질러진 부엌을 보는 성진. 식탁에는 수저가 꽂힌 밥그릇과 먹다 남은 반찬이 그대로 남아있다. 가족들이 밥을 먹다가 급하게 병원으로 뛰쳐나간 흔적이 역력하다…

45. 집, 거실 — 실내/낮

성진은 자신의 방에서 옷가지 담은 가방을 챙겨 나와 큰방으로 향한다.
큰방 문을 열려는데 문이 잠겨있고 안에서 옷장을 여닫는 소리가 들린다.

혜숙 목소리
옷 갈아입고 있다, 잠깐만…

잠시 후 문이 열리고 여전히 상복을 입은 혜숙이 옷가방을 챙겨 나온다.
큰방에는 한글 연습책, 라디오, 블루투스 마이크 등 딸녀의 흔적이 여전히 남아있다.

46. 장례식장, 입관실 — 실내/낮

입관 참관실 유리창 너머로 염습하는 과정을 보며 흐느끼는 가족들.
장례지도사 두 명이 딸녀에게 수의를 입히는 모습이 유리창에 반사되어 어렴풋이 보이고 그 옆에서 스님이 목탁을 두드리며 염불을 외고 있다.

장례지도사

가족 친지분들, 들어오셔서 마지막 인사해
주시기 바랍니다.

잠시 후, 가족들이 하나둘씩 입관실로 들어가 말녀의 주위를
돌며 마지막 인사를 한다. 말녀를 마주하자 한 맺힌 사람처럼
오열하는 혜숙. 모두 참았던 울음을 터뜨린다.

금옥

언니야--! 우리 언니 어디 가노--!

혜숙

엄마--!

옥자

엄마--! 엄마--!

태근

엄마… 엄마…

입관실은 울음바다가 되고 혜숙은 자리에 주저앉아 말녀를 보
낼 수 없다고 발악한다.

혜숙

엄마--! 이대로는 못 간다--! 못 가--! 못
간다--!

가족들이 모두 입관실로 들어가면, 유리창 너머로 가려져 있

던 승필과 성진의 모습이 드러난다. 유리창 너머로 달녀를 바라보던 승필은 이내 고개를 돌려 버리고, 성진은 승필을 부축해서 밖으로 나간다…

47. 장례식장, 상주실 – 실내/낮

두 평 남짓한 상주실에 비좁게 둘러앉은 성진, 혜숙, 태근, 수희, 동우, 옥자, 유진.
중앙에는 문이 열린 부조함과 수북이 쌓인 봉투가 보인다.
부조금을 정리하고 봉투를 나눠 가지는 작업을 하는 가족들.
다들 돈에 관심이 없다는 듯 마지못해 앉아서 각자 딴짓을 하고 있다.
부조금 정리 과정은 아래와 같다.
우선 동우가 봉투를 집어 호명하면, 자신의 지인이다 싶은 사람이 손을 들어 봉투를 챙긴다. 그리고 동우가 봉투 안에 들었던 돈의 액수를 말하고, 그 돈은 유진이 받아서 정리한다. 성진은 이 모든 과정을 모두 장부에 하나씩 기록한다. 꽤 체계적인 과정.

동우

고창규!

태근

(손을 들고) 내 손님.

동우

5만 원.

태근, 동우로부터 봉투를 건네받는다. 5만 원은 유진이 받아 정리하고 성진은 장부에 누가 얼마를 받았는지 정리한다.

동우

장⋯지원!

옥자

응!
(봉투를 받으며) 내 손님!

구석에서 짐 정리를 하던 옥자가 동우 쪽으로 가서 봉투를 받는다.

동우

10만 원.

동우

손경수!

태근

내 친구! 초등학교 동기, 경수!

동우

5만 원.

조금씩 과정이 익숙해지는지 리듬을 타면서 속도가 빨라지기 시작한다.

동우

투다리 정조은!

수희

형님 친구라예.

동우

10만 원.

동우

칠곡상회 장영…자!

태근

(봉투를 받으며)
우리 친절한 영자씨!

동우

5만 원.

동우

이상구! 이상구… 없어요…?
(주위를 둘러보다가) 상구는 내 친구!

동우의 장난에 피식 웃는 가족들.

동우

윤요한!

성진

제 친구요.

동우

5만 원. 다음 최기환!

태근

아이고, 기환이 아재는 뭐 할라고 부조를 했노!

수희

안 하셔도 되는데…

동우

우와! 30만 원!

혜숙

아재도 참…

동우

임창욱!

태근

어, 임 사장! 팔달식품 임 사장!

동우

5만 원!

태근

아, 임 사장 요새 장사 안 되나? 5만 원밖에 안
했네.

동우

박건우!

성진

고모부, 조금만 천천히 해주세요.

옥자

내 동창!

동우

10만 원!

건우? 건우는 뭐 하는 놈이야?

옥자

아휴, 참! 초등학교 동창이야!

동우

김무규!

태근

일가 친척이다. 내한테 주면 된다.

동우

10만 원!

(다음 봉투를 들며)

김… 한자 이거 어떻게 읽는 거야?

태근

(봉투를 받아들며)

김상필이네, 김상필! 높일 상에 도울 필!

동우

오~ 김상필 5만 원!

다음, 대공회!

태근

어! 대공회! 우리 고등학교 동문회다!

옥자

(지방 방송)

상필이 아재 딸들은 이제 대학생인가?

수희

(지방 방송)

첫째는 이미 결혼해가 애가 둘이다!

혜숙

(지방 방송)

내년에 큰애가 초등학교 들어간다더라.

동우가 봉투에서 돈을 꺼내는데 오만 원권 지폐가 다발로 들어있다.
꽤 많은 액수에 다들 깜짝 놀란다. 돈을 세기 시작하는 동우.
어깨가 올라간 태근은 은근히 생색을 낸다.

태근

새끼들, 뭐 이래 마이 했노! 이 서방, 똑바로
세알리야 된데잉!
아니면 마 큰 싸움 난다!

태근이 장난을 치자 다들 조금씩 웃기 시작한다. 이전보다 훨씬 생기가 도는 상주실.
장부와 봉투를 번갈아 확인하느라 정신이 없는 성진.

동우

이백!

옥자

와, 오빠 능력 좋네!

태근

내가 이때까지 얼마나 많이 냈는지 아나,
너거가?

성진

아버지, 조용히 좀 해요. 안 들려!

(동우를 바라보며)

얼마라고요?

태근

(자랑스럽게) 이백! 이백!

내가 뭐 괜히 쓸데없이 돌아댕기면서 사람들
챙기고 그랬는 줄 아나!

동우

제일교회!

혜숙

(손을 들며)

어...

태근

내 머릿속에는 다 플랜이 있다, 플랜!

동우가 봉투에서 돈을 꺼내는데 백만 원짜리 수표 세 장이 들
어있다.

동우

삼백이네…

옥자

우와~ 언니, 교회 열심히 다닌 보람이 있네!

멋쩍은 미소를 보이는 혜숙과 놀라는 가족들. 태근은 괜히 위기감을 느낀다.

동우

장… 뭐라고 쓴거야 이거… 장…

태근

(지방 방송)

성진아, 내 손님은 총합이 얼마 정도 되겠노? 쭉 계산 함 해봐라!

옥자

(봉투를 확인하며) 글씨 보니까 딱 만민 선배네!

성진

(지방 방송)

아버지, 잠깐만요. 이거 다 끝나고 계산해요!

성진의 만류에도 아랑곳하지 않고 장부를 뒤적이며 확인하는 태근. 장부 정리에 집중하던 성진은 매우 신경이 거슬린다.

동우

얘는 나이를 먹어도 지 이름 하나 제대로 못 쓰냐… 10만 원!

■ House of the Seasons   102

태근

(장부를 확인하며)

200... 230... 240...

성진

(동우에게) 이름 뭐라구요?

동우

(봉투를 챙기며)

응 장만민!

태근

(장부를 확인하며)

다시... 200... 240... 250...

옥자

(봉투를 빼앗으며) 만민 선배는 나랑 더 친하니까
내 친구지!

동우

만민이는 내 동긴데 왜 당신 친구야!

성진

(장부를 자기 쪽으로 당기며)

아버지, 잠깐만요. 이거 다 끝나고 계산해요!
(동우에게) 얼마라구요?

동우

장만민! 10만 원.

태근

내 꺼는 따로 보기 편하게 표시만 좀 해놔라,
엉?

장 손 ■

성진

(짜증) 아, 쫌!

혜숙

(지방 방송)

만민이가 그 뚱뚱한 남자 맞제?

동우

구남여중 김세인!

옥자

(지방 방송)

응, 120키로! 대학생 때는 꽃미남이었는데…

수희

(손을 들며)

세인이가 왔었나? 내는 못 봤는데…

동우

120은 무슨! 최소 140이야!

성진

140만 원이요?

각자 자기 이야기를 하며 말이 많아지는 가족들. 서로 대화가
엉키자 웃음이 터져 나온다.

동우

아니 아니, 10만 원! 다음 최호태!

태근

(모두 집중시키며)

자자! 금호섬유, 최 사장!

임마, 이거 윽스로 부자거든. 대구 섬유 탑이다!

서구에서 공장 엄청 크게 한다!

동우

3만 원!

친구를 자랑하던 태근의 말이 무색해질 정도로 초라한 액수에
웃음보가 터진 가족들.

태근

하··· 이 새끼, 내가 지 아들 결혼할 때 삼십
했는데···

다른 사람 아이가? 이 서방, 니 장난치는 거
아니제?

성진

(화나지만 웃긴) 아! 조용히 좀 하시라구요!

조금 전까지 오열하던 모습은 온데간데없고 돈 봉투를 들고
낄낄대는 가족들. 화를 내던 성진도 이번엔 웃음을 참을 수 없
다. 잠시나마 슬픔을 잊고 웃고 떠드는 가족의 풍경···

48. 집, 대문 앞 – 실외/낮

상여 소리와 함께 상여 몽타주 시퀀스 시작···

상여 행렬이 집 대문 앞을 한 바퀴 돌기 시작한다. 말녀의 위
패와 영정사진을 든 성진이 선두에 있고 말녀의 꽃상여 뒤로
태근과 수희가 오동나무 지팡이를 짚고 따라간다. 그 뒤로 가
족 친지들의 모습이 보이는데 삼십여 명은 족히 넘는 긴 상여
행렬이다.

49. 대명리, 마을 골목 – 실외/낮

여름에 줄지어 걷던 골목을 반대로 걸어서 내려가는 상여 행
렬.
이웃 주민들이 모두 나와서 떠나는 말녀를 배웅한다.

50. 대명리, 보호수 – 실외/낮

가족사진을 찍었던 보호수는 어느새 붉게 단풍이 물든 상태
다.
보호수를 지나서 산으로 향하는 상여 행렬.

51. 산, 산길 입구 – 실외/낮

가족의 슬픔에 무심한 듯 청명한 가을 하늘 아래 붉게 물든 마
을 뒷산.

상여 소리는 계속 이어지고 굽이지고 가파른 산길을 오르는
상여 행렬.

52. 산, 묘지 – 실외/낮

불에 타고 있는 빈 상여가 보이고 상여 소리가 마무리되며 상
여 몽타주 시퀀스 종료⋯
말녀의 못자리를 작업하면서 동시에 승필의 부모님 봉분을 보
수 중이다. 돌을 나르는 굴착기와 못자리를 다듬는 십여 명의
인부가 보인다. 작업이 지체되는지 지친 가족들이 그늘에서
쉬고 있다.

태근
빨리 좀 마무리합시다, 이러다 해 지겠다!

청년회장
아따, 행님! 쌔 빠지게 하고 있는 거 안
보입니꺼!
아침부터 밥도 못 묵고 일하고 있구만⋯ 아따
김씨 집안 야박하네!

청년회장은 무언가를 바라는 듯 괜한 농을 치며 인부들과 시
시덕거린다.
태근이 인부들의 의중을 눈치채고 돈 봉투를 청년회장에게
건넨다.

원치 않았다는 듯 능청을 떨며 봉투를 받는 청년회장.

청년회장

어허! 이거 뭐고! 이거!
(돈 봉투를 확인하며)
아이고야… 너무 가벼워가 빈 봉투인 줄
알았네!

실제로 돈 욕심보다는 유족들을 웃기려고 장난을 치는 모습.
청년회장은 한 편의 원맨쇼를 하고 인부들은 청년회장의 말에
장단 맞추며 웃는다.

청년회장

이 집 둘째 사위는 돈이 그래 많다 카디마
어디갔노!
필리핀인가 베트남에 있다카디… 비행기가
막히나, 와 안 보이노!

그제야 옷을 주섬거리며 급히 봉투를 찾는 동우.
몇몇은 청년회장의 농에 웃지만, 옥자는 아니꼬워하며 청년회
장을 노려본다.

청년회장

(능청맞게) 아! 여기 있었나! 돈 주기 싫어가 숨어
있었네!

돈 주기 아깝거든, 첫날밤 생각해 보이소!
얼마나 좋았노!
그 생각하면 마 돈이 금방 나올긴데… (인부들을
향해) 맞다 아이가!

청년회장의 저급한 농담에 사람들이 키득거리는데 그 순간 옥
자가 참지 못하고 화를 낸다.

옥자

아니, 여기에 미성년자도 있는데 정말
너무하시는 거 아니에요!

머쓱해진 청년회장이 당황하는데… 정작 유진은 웃으며 친구
들과 통화 중이다.
이때 승필의 부모님 무덤을 확인하던 공장 직원1이 태근에게
다가와 조심스럽게 속삭인다.

태근

아니, 그럴 리가 있나. 너무 오래 돼가 다 썩은
거 아이가?

공장 직원1

아니예! 관도 없고, 뼈 하나 머리카락 하나 안
보이니더!

태근

그라머, 누가 시신을 훔쳐가기라도 했다

이기가?

다들 놀라서 어리둥절한 가운데 승필은 정작 무엇을 숨기는지
아무런 말이 없다.

53. 집, 거실 - 실내/초저녁

차담을 마치고 거실에서 일어나 집 밖으로 나서는 말녀 친구
들. 태근과 수희가 뒤를 따르며 배웅하는데 혜숙은 그저 뒤에
서 어정쩡하게 서 있다.

말녀 친구1
아이고, 나오지 마라!

말녀 친구2
그래도 마 호상이다, 호상!

태근
예… 신경 써주셔서 감사합니다.

말녀 친구1
오해는 하지 말고…

말녀 친구2
파란색 통장이라, 파란색!

태근
아이고, 알지예… 그 문제는 제가 책임지고
처리하겠심더.

말녀 친구1

천천히 부탁 좀 할게! 나오지 마소!

태근

예예, 살피 가이소!

태근과 수희는 대문까지 배웅을 나가고 혜숙은 거실에서 대충 인사를 한다.

54. 집, 거실 – 실내/초저녁

옥자는 인상을 쓴 채 가만히 앉아있고 혜숙이 테이블 위에 남은 커피와 갈변된 사과를 치운다. 잠시 후 배웅을 마친 태근과 수희가 집 안으로 들어온다. 그러자 밖에 사람들 들으라는 듯 크게 말하는 옥자.

옥자

왜 그냥 간대? 아예 집안 다 뒤져서 곗돈이고
뭐고 다 가져가지 왜!

수희

아무리 못 배워도 사람들이 어떻게 저렇게
염치가 없노, 그래!

옥자와 수희는 괘씸한 말녀의 친구들을 비난하며 씩씩댄다.

111   장손 ■

옥자

할 말 없으면 그냥 입 닫고 있지. 말끝마다
호상! 호상!

태근

…아까 짐 정리할 때 할마시들 계통장은
없더나?

수희

통장은 하나도 안 보이던데예…

태근

돈 관리는 다 엄마가 했는데 와 통장이 없어!
누나, 닌 못 봤나?

혜숙

내가 우에 아노… 아부지한테 함 물어볼까?

태근

(한숨 쉬며)

…됐다. 뭐할라고.

눈치를 보다가 어렵게 말을 꺼내는 혜숙.

혜숙

…사실 나도 엄마한테 돈 맡겨놓은 게 좀
있거든.
월급에서 내 생활비 빼고는 다 엄마가 가지고
있었다.

태근

누나… 오늘 엄마 묻었다.
다른 사람은 몰라도, 니는 그카머 안되지.

혜숙

내가 무슨 말을 했는데?

태근

됐다… 그만하자, 피곤하다.

혜숙

야, 니 일이라도 그렇게 말할끼가! 응? 니만
효자가!

옥자

다들 그만해, 쫌!

수희

아버님 듣겠십더, 그만 하이소!

태근

(버럭) 야! 김혜숙!
(진정하고는) 내일 내가 은행 가볼게. 나중에
이야기하자.

잠시 후, 소란스러운 소리를 듣고 밖으로 나오는 승필과 성진.
답답한 태근은 자리에서 일어나 작은방으로 들어가 버리고 옥
자는 떠날 채비를 하고 승필에게 인사한다.

옥자

아버지, 저 비행기 시간 때문에 이만 가볼게요.

장 손 ■

승필

아침은 묵고 가라…

승필의 말에 황당한 가족들. 거실에는 정적이 찾아오고 옥자
는 참아왔던 눈물이 터진다.

옥자

(사투리로 울먹이며)

아빠… 와카노…… 지금 저녁이다…

승필

아… 맞나…

그제야 저녁임을 알아차리는 승필, 정확히는 모르지만 무언
가 망가진 상태다.

걱정스럽게 승필을 쳐다보는 가족들.

55. 집, 부엌 – 실내/밤

부엌 식탁에 승필과 태근이 앉아있고 수희가 저녁상을 차리
고 있다.

뒤늦게 들어와서 자리에 앉는 혜숙과 성진. 혜숙과 태근 둘 사
이에 묘한 긴장감이 감돈다.

말없이 식사를 시작하는 승필, 혜숙, 태근, 수희, 성진.

승필은 이전보다 훨씬 손을 많이 떠는데, 숟가락 위에 얹힌 밥

이 떨어질까 위태롭다.

북적이는 여름과는 사뭇 다른 모습의 식사 자리.

여섯 개의 식탁 의자 중 말녀의 빈자리가 유독 눈에 띈다…

56. 집, 성진의 방 – 실내/밤

샤워를 마친 민낯의 수희가 성진의 옷을 챙겨 가방에 넣고 있다. 수희 옆에 있는 큰 거울을 통해 수희의 정면 모습과 침대에 앉은 성진이 보인다.

수희

너거 아빠랑 결혼한다고 인사 왔을 때, 너거 할머니는 내를 쳐다보지도 않고 아무 말씀도 없으시더라… 내가 성에 안 차시나 싶어서 섭섭하더라고…

그러고 한 십 년쯤 지났나… 함 물어봤지…

'어무이예. 그때 제가 어디가 그렇게 마음에 안 드셨십니꺼.' 카니까, 어무이가 그러시더라…

'남의 귀한 딸 고생시킬 생각 하니까 볼 면목이 없더라…'

성진

(웃으며) 그래도 하지 말라고는 안 했네.

수희

그래도 옥자는 뒤에서 몰래 '언니, 다시 생각해

봐요' 이러더라고…

옛날이야기를 하며 피식 웃던 수회, 갑자기 혜숙을 힐난한다.

수회

근데 너희 큰고모는 그렇게 너희 아빠 칭찬을
했다!
따지면 사기를 친 거지, 사기를…

성진

그게 언제 적 이야기고…

남 이야기하듯 속 편하게 말하는 성진이 얄미운 수회. 참았던
화가 터져버린다.

수회

야! 니는 큰고모가 돈 맡겨놨다는 게 말이나
된다고 생각하나!
할머니한테 '병원비다, 약값이다'하고 돈 몰래
받아간 거, 내가 모를 줄 아나!
(사이)
솔직히 내가 너희 큰고모처럼 애 못 낳았으면,
나는 바로 이혼해줬다.
그 집안에서는 안 그러겠나. 애도 못 낳는
며느리가 남편까지 잡아먹었다고…

비정한 말을 내뱉는 수희. 성진은 아무런 내색 없이 짐을 챙긴다.

57. 집, 거실 - 실내/밤

풀벌레 소리만이 들려오는 고요한 밤.
불 꺼진 어두운 거실에 정체 모를 누군가가 나타나 이리저리 움직인다. 잠시 후, 크게 소리를 지르는데, 승필의 목소리다!

승필
태근아! 다들 얼른 나온나! 큰일 났다!
나와봐라!

도둑이라도 든 줄 알고 급히 뛰쳐나오는 태근과 성진.
거실 불을 켜자, 거실에 홀로 선 승필이 보인다. 잔뜩 경계해서 주위를 둘러보는 태근.

태근
와요! 와요! 뭡니꺼!

승필
자리를 잘못 썼다! 자리를 잘못 썼어!

태근
뭐를예?

승필

니 어메 산소 아인나! 간자로 봐야 하는데
이놈들이 자리를 거꾸로 해놨다!
이 노무 손들이 산소를 와 이렇게 해놨노! 응?

성진

할아버지! 낮에 사람들이 다 제대로 해놨어요.

승필

아이다! 내가 지금 갔다 왔는데 완전히 반대로
하고 있다 카이!
도망가기 전에 얼른 잡아가 고쳐놔라 캐야
한다, 이 쪽바리 새끼들!

꿈에서 본 헛것을 실제라고 생각하는 승필은 지금 당장 묘지
로 찾아가야 한다고 주장한다.

태근

아부지예! 제발 정신 좀 차리시소!

태근은 답답한 마음에 화를 내는데, 이전의 화를 내던 모습과
는 다르게 슬픔이 섞여 있다.
이내 포기한 태근, 그냥 한숨만 내쉰다.

승필

이놈들이 보이까, 아예 집안을 망칠라고 작정을
했네!

낮에는 안 보이디마 밤 되니까 날뛰는 것 봐라,
이 빨갱이 새끼들!

수희

아버님, 일단 주무시고 내일 다시 이야기
하이시더.

승필

뭐라카노! 지금 우에 잠을 자노!

보다 못한 성진이 갑자기 승필 의견에 동조하기 시작한다.

성진

진짜요? 정말 큰일이네…
저희가 지금 당장 가서 잡아 올 테니까 방에서
잠깐만 쉬고 계세요, 알았죠?

승필의 말에 맞장구를 치며 연기를 하는 성진. 그러자 승필은
흥분을 가라앉힌다. 성진의 뜻을 이해한 수희도 이에 동조한다.

승필

내도 같이 가면 안 되나?

수희

아니예! 아버님보다 저희가 빠르니까 금방 다녀
올게예! 조금만 쉬고 계이소…

승필을 진정시키고 집 밖으로 나서는 세 사람. 승필은 거실 중

앙에 처량하게 서 있다.

58. 집, 앞마당 - 실외/밤

마당 평상에 앉은 세 사람. 외투를 챙겨 나오지 못해 싸늘한 가을바람에 오들오들 떨고 있는 수희와 성진. 그 옆에 담배를 피우는 태근의 뒷모습이 보인다.

59. 두부 공장 - 실내/새벽

새벽부터 시끄럽게 돌아가는 두부 공장의 전경.
공장 안에는 기환, 혜숙, 수희, 재호를 비롯한 서너 명의 직원들의 모습이 보인다.

60. 대명리, 공장 삼거리 - 실외/새벽

공장 문이 열리고 안에서 위생복을 입은 수희와 떠날 채비를 마친 성진이 밖으로 나온다. 무슨 말을 하는지 잘 들리지 않는 먼 거리에서 작별 인사를 하는 두 사람이 보이고 트럭에서 두부를 싣는 태근도 보인다. 태근이 태워주겠다며 손짓하지만 인사하고 공장을 떠나는 성진. 태근이 트럭을 타고 성진을 뒤따르고 수희는 우두커니 서서 성진이 시야에서 사라질 때까지 바라보고 있다.

61. 절, 경내 - 실외/낮

어느새 겨울이 찾아오고, 눈이 소복이 쌓인 산사의 고즈넉한
풍경이 드러난다.
대웅전에서 흘러나오는 주지 스님의 염불 소리가 경내에 울
려 퍼진다.

62. 절, 대웅전 - 실내/낮

주지 스님의 주재로 말녀의 49재를 지내고 있다.
가족 친지들이 무릎을 꿇고 합장을 한 상태로 주지 스님을 따
라 염불을 외고 있다.
영정 앞에서 절을 올린 태근과 수희가 자리로 돌아오자 혜숙
이 영정 앞으로 향한다.
승필, 혜숙, 태근, 수희, 성진, 재호, 금옥, 기환, 공장 직원 등 가
족 친지들이 보이지만 옥자네의 모습은 보이지 않는다.

63. 절, 소전대 - 실외/낮

절 한쪽에 마련된 소전대 앞에 모인 가족 친지들.

장 손 ■

소전대 안에는 말녀의 영정사진과 혼백 그리고 옷가지들이 타고 있다.

주지 스님은 49재를 마무리하기 전에 가족들에게 위로의 말을 전한다.

주지 스님
오말녀 영가님은 떠나지만, 영원히 헤어지는
것은 아닙니다.
극락왕생하셔서 언젠가 다시 좋은 인연으로
다시 만날 것입니다.

합장하고 자리를 떠나는 주지 스님.

가족 친지들은 삼삼오오 자리를 옮기고 태근은 사람들을 공양간으로 안내한다. 어느새 소전대 앞에는 승필과 성진만 남는다. 거동이 불편한지 지팡이를 짚고 있는 승필은 하늘로 올라가는 연기를 바라보다가, 누군가와 대화를 나누듯 고개를 끄덕거린다. 온 세상이 새하얀 눈으로 덮여 있어 새카만 연기가 더욱 도드라져 보인다.

64. 집, 거실 – 실내/낮

작은방 문이 살짝 열려있고 안에서 태근과 혜숙이 다투는 소리가 거실까지 흘러나온다.

아니, 누님이 함 봐라. 통장은 이거밖에 없다
아이가.

혜숙 목소리
내 월급에서 백만 원씩 엄마가 관리했던 거
솔직히 니도 다 알잖아.

수회 목소리
형님예, 통장이 있으면 저희도 드리지예, 와 안
드리겠습니꺼.

태근 목소리
은행에 물어봐도 그런 통장은 없다 안카나.

혜숙 목소리
너거 은행갈 때, 와 나는 빼놓고 너희끼리 몰래
갔노!

태근 목소리
내가 뭐 빼돌렸다 이기가? 은행 서류를 함
봐라!

성진이 부엌에서 과일을 쟁반에 담아 거실로 가져 나오는데,
수회가 이를 보고 작은방 문을 닫는다. 거실에 승필이 멍한 표
정으로 앉아있고 성진이 옆에 앉아 과일을 깎는다.

혜숙 목소리
내 늙으면 우리 남편 병수발 할라고 모은
돈이었다…

내가 두부 공장 니 이름으로 할 때 내가
한마디라도 하더나?

태근 목소리

누나도 작은집 나중에 물려받을 거 아이가!

혜숙 목소리

다 쓰러져가는 거 저거?
나는 평생 집안일하면서 니 뒷바라지하느라
아무것도 못 해봤다!

태근 목소리

그 시절에 고생 안 한 사람이 여기 어딨노!

수희 목소리

형님예… 어머님이 월급이며 병원비며 다
챙겨드렸잖아예…
그런데… 장례식 때 큰방 뒤지는 건 너무하신
거 아닙니꺼?

잠시 흐르는 정적.

혜숙 목소리

…나는 아무것도 안 가져갔다…

태근 목소리

또 뭐 가져갔는데? 또 이상한데 헌금 할라
그라나?

혜숙 목소리

그 돈 없으면 우리 남편은 우야노…

그때 니 대신에 성진이 졸업식에만 안 갔어도…
우리 남편 그렇게 안 됐다…

태근 목소리

…내가 가라고 시켰나? 엉? 내가 사고 냈나!

방 안에서 문을 열고 나오는 혜숙, 승필에게 소리친다.

혜숙

아부지! 아부지는 다 알고 있잖아예! 말해
보이소! 말해 보이소!!

태근

누님!

혜숙

지는예… 아부지 죽어도예… 안 찾아올
깁니다…

혜숙이 비정한 말을 뱉고 밖으로 나가버리자, 뒤따라 거실로
나와 소리치는 태근.

태근

야! 김혜숙! 니가 인간이야! 응? 그럴 거면 그냥
나가!
내가 확 불 질러 버릴 거니까! 나가!

성진은 말없이 승필의 눈치를 보는데 승필은 이 상황을 아는

지 모르는지 멍한 표정이다.

65. 집, 앞마당 – 실외/낮

옷을 갖춰 입은 승필이 신발을 신으며 외출 준비를 한다. 지팡이를 짚고 앞마당을 나서는데 추운 겨울이라 앞마당의 꽃과 식물들은 메마른 상태로 방치되어 있다. 잠시 후, 성진이 승필을 부르며 따라 나온다.

성진
할아버지! 어디 가요, 할아버지!

승필은 아무런 대답도 없이 어디론가 걸어가고, 성진도 승필을 뒤따른다.

66. 산, 묘지 – 실외/낮

단풍을 자랑하던 뒷산은 어느새 나무와 흰 눈만 보이는 무채색의 풍경으로 변했다.
눈으로 덮인 봉분을 바라보는 승필과 성진. 무덤 상석 위에 있는 눈을 쓸어내리는 승필, 낮은 목소리로 일본어를 중얼거린다.

승필

みんな死んで、俺一人だけ生き残ったね…

(다 죽고 내 혼자 살아 남았다…)

갑자기 묘지 안쪽 숲으로 향하는 승필. 숲에서 바지를 내리고 쪼그려 앉는 모습이 얼핏 보인다. 주위를 둘러보다가 승필을 등진 채로 쪼그려 앉는 성진, 휴대폰으로 〈봄날은 간다〉 음악을 틀면 겨울 몽타주 시퀀스 시작된다…

67. 산, 산길 - 실외/낮

눈이 쌓인 미끄러운 산길을 내려가는 성진과 승필.
아래에서 먼저 내려가던 성진이 승필이 안전하게 내려올 수 있도록 잡아준다.

68. 대명리, 보호수 - 실외/해질녘

이제는 앙상한 가지만 남은 보호수 아래를 지나는 성진과 승필.

장 손 ■

69. 대명리, 공장 삼거리 – 실외/해질녘

산에서 내려와 공장 삼거리에 이르는 성진과 승필. 승필을 찾아 헤매던 공장 직원들이 승필을 발견하고는 안도의 한숨을 내쉬고는 집 쪽으로 급하게 달려간다.

70. 집, 대문 앞 – 실외/해질녘

집 대문 앞에 다다른 성진과 승필. 수희와 기환을 비롯한 공장 직원이 급히 집 안에서 뛰어나온다. 승필에게 다가가 손을 꼭 잡는 수희.

수희
아버님! 또 어디 갔다 오십니꺼!

잠시 후, 반대편에서 공장 트럭을 타고 앞마당으로 들어오는 태근과 공장 직원. 다들 승필을 보고는 안도하는 한숨을 내쉰다.

태근
아이고, 아부지예! 미치겠다 진짜!

기환
(통화를 하며)
어어, 어르신 들어오셨다. 어어, 연락해가 다들
철수하라 캐라. 어어.

수회는 답답함을 토로하며 승필을 부축해서 집 안으로 들어
간다.
말없이 태근의 등을 두드려주고 떠나는 기환과 공장 직원들.
태근은 고개를 숙여 기환에게 인사한다. 그러곤 성진에게 버
럭 언성을 높이는 태근.

태근

니는 와 전화를 안 받노, 인마!!!

그제야 휴대폰을 꺼내 부재중 전화를 확인하는 성진.
〈봄날은 간다〉 음악이 종료되며 겨울 몽타주 시퀀스 종료된
다…

71. 집, 부엌 – 실내/밤

식탁에서 간단한 밑반찬에 소주를 마시는 태근, 어느새 두세
병을 넘겨 얼굴에 불콰한 주기가 맴돈다. 태근은 오래된 수동
카메라를 만지작거리며 추억에 잠겨있고 맞은편에 앉은 성진
은 그저 묵묵히 태근의 말을 경청한다.

태근

강제 휴학 당해가 여 숨어 있는데 카메라 살
돈이 어딨노!
큰방 이불 밑에 있는 돈 티 안 나게 조금씩 몰래

장손 ■

훔치는거야… 오백원, 천원…
그러다가 아부지한테 딱 걸려가 뒤지게 맞았다!
매형이 안 말랐 내 죽었다, 그날!

성진

할아버지가 젊었을 때는 한 성격했나 보네.

태근

그러고 몇 달 뒤에 생일선물이라고 엄마가 이거
딱 사주대?
근데 나중에 들어보이까… 아부지가 사왔다
카더라…
참… 그때는 참 그래 무서운 양반이었는데…

생각에 잠겨 술을 한 잔 들이켜는 태근. 성진도 뒤따라 소주를
한잔 마신다. 태근이 두 잔을 모두 채우는데 어느새 소주가 거
의 다 떨어진 상황이다.

태근

얼마 전에도 동네 사람들 다 너거 할아버지
찾아댕긴다 난리 안 났나!
동네에 있으면 그래도 낫지만… 산에 들어가머
마 절대 못 찾는다.

성진

병원에서는 뭐래요?

태근

할매 보내고 혼자 계시다보이 더 안 좋아지는거

같다네…
근데도! 우리 누님, 김혜숙이 이거는 아부지
델꼬 은행 갈라고 생쑈를 한다!
배은망덕도 유분수지!

마지막 남은 술을 들이켜는 태근.

태근
니는 신경 쓰지마라… 니 하는 일이나 잘하그…
여는 내가 다 알아서 할 테이까…

남은 술이 없는 것을 확인하고는 외투를 입고 밖으로 나서는
태근.
태근이 어두운 집 밖으로 사라지면, 성진은 잔에 남은 술을 마
시고 생각에 잠긴다.

72. 집, 화장실 – 실내/밤

양치질을 하며 화장실로 들어가는 성진. 물로 입을 헹구고는
무슨 냄새를 맡았는지 주위를 둘러보는데 대야 속 물에 잠긴
승필의 바지와 속옷이 보인다. 배변이 묻어 누르스름한 옷 색
깔… 승필이 직접 빨래를 하는지 옆에는 빨랫비누와 빨간 고
무장갑이 놓여있다.

장 손 ■

73. 대명리 - 실외/밤

모두가 잠든 고요한 대명리. 하늘에 그믐달이 낮게 떠 있다.

74. 집, 성진의 방 - 실내/밤

불 꺼진 방에서 곤히 잠들어 있는 성진.
잠시 후, 유리가 깨지는 '쨍그랑!' 소리와 함께 '쾅-!' 하는 둔
탁한 소리가 들린다.
불현듯 잠에서 깬 성진은 정신을 차리고 거실로 나간다.

75. 집, 거실 - 실내/밤

잠이 덜 깬 상태로 어두운 거실로 나오던 성진은 무엇을 잘못
밟았는지 악- 비명을 지르며 꼬꾸라진다! 성진이 발바닥에 박
힌 무언가를 조심스럽게 빼내자, 붉은 피가 흘러나온다! 주위
를 둘러보면 바닥에 커다란 돌덩이와 깨진 유리 조각이 나뒹
굴고 있다. 이때, 갑자기 마당에 들리는 태근의 목소리!

                    태근
　불이야-!!! 불이야-!!!

자리에서 일어선 성진은 거실 창밖을 보고 놀란다!

성진의 얼굴을 붉게 비추는 일렁이는 화재 불꽃!

76. 집, 앞마당 - 실외/밤

성진이 마당으로 뛰어나오는데 이미 혜숙이 기거하는 별채 안에서 불이 새어 나와 천장을 태우고 있다! 태근이 소화기로 불을 꺼보려 하지만 제대로 작동하지 않는다. 성진이 급히 수도 호스를 들고 별채에 물을 뿌려보지만 거센 불길을 잡기에는 역부족이다. 성진은 별채 안으로 뛰어들려고 하는데 갑자기 확 거세지는 불길. 성진은 놀라서 뒤로 넘어진다.

성진

고모!! 고모!!

불길이 잦아들자 성진이 다시 별채 안으로 들어가려는데, 어느새 나타난 수희가 성진을 끌어안고 놔주지 않는다. 필사적으로 매달리는 수희.

수희

안 된다! 이미 늦었다!

더욱 거세지는 불길을 보고 성진도 이미 늦었음을 직감한다. 불길이 어느새 별채에서 본채로 이어 붙으려고 하자, 태근이 수도 호스를 들고 별채와 가장 가까운 본채의 서까래와 기둥에 물을 뿌린다! 별채의 불이 본채에 옮겨붙지 않도록 애쓰는 태근, 취했지만 정신을 다잡으려고 노력한다. 그런 태근을 의심과 분노의 눈초리로 바라보는 성진.

77. 집, 앞마당 - 실외/낮

다음 날 아침, 화재가 진압된 검게 그을린 별채. 지붕은 내려앉았고 당장 무너져도 이상할 것이 없는 위태로운 상태. 초췌한 몰골의 태근과 성진이 화재조사관에게 화재 경위에 대해 진술하고 있다. 진술을 받아 적는 젊은 화재조사관.

젊은 화재조사관
그라이까 집 들어오는 길에 우연히
발견하셨고…

태근
예… 이 건물이 워낙 오래되다 보이 전기 합선
같은 거 아닙니까?

잠시 후, 폴리스라인을 넘어 대문 안으로 들어오는 중년의 화재조사관.

중년 화재조사관
발화지점은 파악됐나?

젊은 화재조사관
아직 감식 중인데 화재 방향이 밖에서 안쪽으로
향해 있고, 초기 진압 때 휘발유 냄새가 많이
났다고 합니다.

화재 현장 주변을 이리저리 살피는 중년 화재조사관. 젊은 화
재조사관, 태근, 성진 또한 뒤를 따른다. 화재 잿더미를 들어서
냄새를 맡아보는 중년 화재조사관.

중년 화재조사관
인명 피해는 없어서 다행이네예. 화재는 언제
처음 발견하셨습니까?

태근
그기 술을 한잔해가… 정확하게 기억은 안
나는데…

젊은 화재조사관
신고 시간은 오전 1시 경입니다.

중년 화재조사관
그래? 여 마을 CCTV 있으면 한번 확인해보고…

화마가 휩쓸고 간 별채 내부에서 과학수사요원들이 화재 감식
중이다. 바닥에는 타버린 십자가와 옷가지들 그리고 물병에
꽂힌 그을린 장미가 보인다.

장 손 ■

78. 산후조리원 - 실내/낮

갓난아기를 안고 이리저리 걸어 다니는 성진. 침대에 누워있는 미화는 말녀가 직접 작성한 요리책을 한 장씩 넘겨보다가 눈시울이 붉어진다. 미화가 코를 훌쩍이자, 미화를 쳐다보는 성진.

성진

할매가 누나 줄라고 만든 거지 싶다.

미화

(눈물 훔치며) 걱정도 팔자다…

성진이 조심스럽게 미화에게 아기를 안겨준다. 아기를 보고 다시 웃는 미화.

미화

내 닮았제?

성진

매형 닮았네.

미화는 성진을 흘겨보며 웃고, 성진은 아기의 이름표를 확인한다.

성진

늘봄이?

미화

응. 늘 봄처럼 활기차라고… 큰고모가
지어줬다…

큰고모 이야기에 잠시 정적이 흐른다.

미화

니 진짜 큰고모가 큰방 뒤지는 거 봤나?

성진

봤다는 게 아니라 큰방에서 계속 안
나오더라고…
다들 돈 그거 얼마나 된다고 이래 싸우는지
모르겠다…

미화

…꼭 돈 때문은 아니겠지…

미화는 괜히 웃으며 화제를 돌린다.

미화

야! 저번에 니 나온 영화 봤다! 이제 싸인 받아
놔야하는 거 아이가?

성진

아이다. 아직 내 앞가림도 제대로 못 하는데
뭐…

장 송 ■

미화

(웃으며) 그래도 니 하고 싶은 일 하는 거 보면
멋있다.
집안일은 너무 걱정하지 말고… 공장 일은
오빠랑 내가 신경 쓸게…

미화가 배려하는 척 은근하게 욕심을 내비치자 성진도 의뭉스
럽게 대답한다.

성진

두 사람이 내 대신에 신경 써주면 고맙지…

79. 택시 안 - 실내/낮

택시 뒷자리에서 이어폰을 꽂은 채 '유산 상속'에 관한 영상
을 보는 성진. 영상 속 변호사가 유류분 제도에 대해 자세히
설명 중이다.

80. 요양병원, 재활센터 복도 - 실내/낮

요양병원 복도에서 병실 안쪽을 바라보고 있는 성진. 병실 안
에는 누워있는 중증환자들이 보이고 가래를 흡입하는 석션 기
계음이 들린다. 잠시 후, 옆에 있는 복도 의자에 앉는 성진. 뒤

이어 혜숙이 물수건을 들고나와 성진의 옆에 앉는다.

성진

고모부 살 마이 빠졌네.

혜숙

내사 뭐 매일 보이 똑같아 빈다.

성진

차도는 좀 있나?

혜숙

가만히 누워있는 거 보면 어쩔 땐 편안해
보인다… 남 속도 모르고…

준비해온 카네이션 화분을 혜숙에게 건네는 성진. 혜숙이 화
분을 보더니 미소를 짓는다.

혜숙

가끔 니가 내 아들이었으면 싶었다…

성진

…나도 진짜 부모님처럼 생각했다.

성진을 바라보더니 피식 웃는 혜숙.

성진

안 돌아올 거가?

혜숙

내가 인자 돌아갈 데가 어딨노…

고민하다가 주머니에서 봉투를 꺼내 혜숙에게 건네는 성진.
혜숙이 봉투를 열어보면 불에 그을린 병구와 혜숙의 사진이
나온다. 사진을 들고 유심히 바라보는 혜숙. 성진은 어떻게 말
을 시작할지 막막하다.

성진

어제… 불이 나가지고… 합선일 수도 있다고
말하던데…
아버지가 술에 많이 취해가지고… 실수로…
진짜 고모가 없어서 다행이지…

제대로 말을 못 하고 둘러대는 성진. 혜숙에게 화재 사실을 말
하는 게 매우 곤혹스러운 모습. 한참 동안 듣던 혜숙은 조심스
럽게 입을 연다.

혜숙

태근이… 가가 말은 그래 해도 바퀴벌레 한
마리 못 죽인다.

성진

아빠도 일부러 그런 거는 아닐 꺼다…

혜숙

태근이가… 자기가 그랬다 카더나…

성진의 예상과는 다르게 혜숙은 태근을 의심하지 않는다.
병실 안에서 들리던 석션 기계음이 멈추자 고요해지는 병원
실내…

성진

아직 조사 중이긴 한데…

혜숙

(피식) 믿기 싫으면 다 나빠 보인다니까…
태근이가 그런 거 아니다…

혼란스러운 성진은 말이 의아하게 혜숙을 바라보는데, 그 순
간 혜숙이 불을 지른 진짜 범인이라는 것을 알아차린다! 아무
런 감정 표현 없이 공허한 표정의 혜숙…
성진은 어디서부터 무엇을 물어봐야 할지 몰라 공황에 빠진다.

성진

고모가 왜…

대답이 없는 혜숙. 잠시 후 병실 문을 열고 간호사가 나온다.

간호사

어머님! 아버님 석션이랑 드레싱 마쳤어요.

혜숙

(상냥하게 웃으며) 아이고, 수고하셨으예!
(성진에게) 인자 들어가자!

장 손 ■

병실로 들어가서 대화하자는 말에 두려움을 느끼는 성진, 자리에서 일어난다.

성진

기차 시간이 다 돼서… 나중에 다시 올게,
고모…

혜숙

…벌써?

성진이 인사를 하고 급하게 자리를 뜨는데 오른쪽 발의 상처 때문에 통증을 느끼는지 살짝 다리를 전다. 잠시 후, 뒤에서 혜숙이 성진을 부른다.

혜숙

성진아!

성진은 조심스럽게 고개를 돌리지만, 혜숙을 쳐다보지는 못한다.

성진

…응?

혜숙

(웃으며) 고모부 꽃 알러지 있는 거 모르나…
다음에는 조화로 사온나!

성진

아! 다음에… 사올게…!

부끄러움과 두려움이 동시에 밀려오는 성진, 대충 인사하고 도망치듯 자리를 벗어난다. 화분을 벤치에 그대로 드고 병실로 들어가는 혜숙. 병실 안쪽 침대에는 상체를 풀어헤친 병구(남, 61)의 모습이 보인다. 얼굴은 보이지 않지만 풍채 좋던 사진 속 모습이 아닌 왜소하고 병약한 노인의 육신이다… 혜숙은 병구의 등과 허리에 난 욕창 주변을 물수건으로 꼼꼼히 닦는다.

81. 집, 성진의 방 - 실내/밤

방에 앉아 오른쪽 발바닥에 피떡이 된 거즈를 떼어내는 성진. 유리에 찔렸던 붉은 상처가 드러나고 그 옆 발목에는 오래전 교통사고로 생긴 큰 흉터 자국이 보인다. 새로운 거즈로 교체하고 다시 붕대를 감는 성진.

82. 집, 부엌 - 실내/밤

단출한 저녁이 차려진 부엌 식탁에 앉은 승필과 태근. 수희가 찌개를 들고 오고 성진도 오른쪽 다리를 살짝 절면서 자리에 앉는다. 아무 말 없이 식사를 시작하는 가족들. 맏녀에 이어

장 손 ■

혜숙의 빈자리가 눈에 띈다. 사람이 북적이던 여름과 달리 쓸쓸한 분위기. 식사 도중 갑자기 부엌의 전구가 깜빡거리는데 전구가 점멸할 때마다 밝고 어두운 가족의 모습이 반복된다.

83. 집, 큰방 – 실내/밤

불이 꺼진 어두운 큰방, 창밖에서 달빛이 어스름히 새어 들어와 겨우 사람을 구별할 수 있는 밝기다. 승필은 왼쪽 벽을 바라보고 누워있고, 성진은 승필을 등지고 누워있다.
자다 말고 계속 혼잣말을 하는 승필. 성진은 이 때문에 제대로 잠들지 못한 상태.

승필

후레쉬를 비추니까 눈이 부셔가 잘 안
보이더라꼬…
좀 이따 자세히 보이 기환이 작은삼촌인기라!

성진

(질린다는 듯) 네, 네…

승필

우루루 몰리와가 밥 안 주면 죽인다 카는데
우야노.
어무이는 알겠다 하고 밥해줬지.
그때 우리 집이 동네에서 제일 잘 살았다.

성진

제발 좀 자요, 할아버지!

승필

알았다, 알았다… 자라…

승필은 잠시 이야기를 멈추는 듯 하더니 다시 옛날이야기를
시작한다.

포기했다는 듯 웃어버리는 성진.

승필

해 떠가 빨치산들이 도망가머 또 경찰들이
마을에 쳐들어 와가 밥 준 사람들 조사한다고
난리가 난다!
아니, 총 들고 죽인다 카먼 밥이 아이라
전재산도 내놓겠구만…
글 한 자도 모르는 사람들이 공산주의니
민주주의니 우에 아노!
아부지캉 어무이캉 내캉 싹 다 잡아갔다 카이…
내가 중학교 땐가…
동네 사람들이랑 줄줄이 묶어가 큰 바위
골짜기에 다 밀어 넣더라고…
니 우리 못자리 언덕 뒤에, 큰 바위 어딘지
알제?
태근아! 대답 좀 해봐라!

성진

지금 자고 있어요…

승필

자는 놈이 대답을 우에 하노!

승필은 성진을 '태근'으로 착각하고 있는 상황. 귀찮은 성진은
그냥 맞장구를 쳐준다.

성진

(몸을 고쳐 눕는 성진)
네. 큰 바위 가봤죠.

승필

누구는 '살려달라' 카고 누구는 '대한민국 만세'
그라는데 그때까지도 와 그런지 이해가 안
됐다. 아부지 어무이는 내를 꼭 껴안고 있고…
갑자기 폭죽 소리가 팡-팡- 들리는데…
사람들이 막 꼬꾸라지는 기라!
내는 그때 총소리를 처음 들어 봤다…

승필의 말에 관심을 가지는 성진.

성진

할아버지는요?

승필

우리 아부지? 그때부터는 정신이 없어가...

아부지 어무이가 미친 듯이 손목에 줄을
풀어주면서 도망가라 카더라고… 그래가
뒤도 안 돌아보고 도망갔다 아이가… 내가 좀
날쌨거든…

승필은 마치 어제 벌어진 일처럼 생생하게 기억하는 모습이다.
스탠드 조명을 켜고 승필을 바라보는 성진.

성진
그래서요?

승필
다음 날 아침에 정신 차려 보이 아직 아버지
어무이가 안 오시는 기라…
그래가 조심히 숨어가 골짜기로 다시 가봤지…
…근데… 거기에 뭐가 있는 줄 아나…?

아무런 대답을 하지 못하는 성진. 누운 채로 고개를 절레절레
흔드는 승필.

승필
…아무것도 없더라… 다 타고 없어…

그제야 봉분에 시신이 없던 이유를 알게 되는 성진.

장 송

승필

그래 살아남은 집안이다, 우리 집안이…
알겠나, 태근아?

성진

…제가 누구라고요?

승필

태그이 아이가, 김태근!

승필은 계속 성진을 '태근'으로 착각하고 있는 상황.
순간 성진은 자신이 '태근'인 척하며, 승필에게 질문한다.

성진

(몸을 일으킨다)
아부지요…

승필

와?

성진

두부 공장 있잖아예… 왜 제가 아니라 매형한테
맡겼십니꺼…

승필

…니는 내처럼 살면 안 되니까… 공부해가 판사
돼야지!
두부 공장 저거야 뭐 아무나 하면 되는 기고…
그렇다고 내가 진짜 병구한테 물려주겠나…
김씨도 아닌데…

태근에 대한 승필의 진심을 알게 되는 성진.
잠시 후, 승필이 갑자기 성진에게 한 가지 당부를 한다.

승필
너거 누나 너무 미워하지 마라. 알겠제?
내가 몰래 다 알아서 처리해놨다…

성진
(놀라서 서울말로)
…뭘 처리해요?

승필의 의미심장한 발언에 놀라는 성진. 승필은 갑자기 고개
를 돌려 성진을 바라보는데, 그제야 대화 상대가 '성진'임을 알
아차리고 입을 닫는다.

84. 집, 거실 – 실내/새벽

거실 창문을 통해 새벽의 푸르스름한 빛이 들어오는 거실. 떠
날 준비를 마친 성진이 큰방 문을 조심스레 열어본다. 어느새
이불이 정리되어 있고 승필이 보이지 않는다. 성진이 승필을
찾으러 돌아다니는데 부엌에는 누가 마시다 남은 소주 한 병
과 소주잔이 놓여있다.

성진
할아버지! 할아버지!

승필을 부르며 집 밖으로 뛰쳐나가는 성진.

85. 집, 앞마당 - 실외/새벽

마당으로 나오는 성진. 아무도 보이지 않자, 집 밖으로 승필을
찾으러 나서려는 그때!
바로 뒤에서 승필의 목소리가 들린다.

승필 목소리

준비 다 했나?

성진이 놀라 뒤를 돌아보면 장갑을 끼고 두꺼운 외투를 입은
승필이 의자에 앉아있다.
휴우- 하고 가슴을 쓸어내리며 승필에게 다가가는 성진.

성진

거기서 뭐 해요, 할아버지!

승필

기다렸지… 가자…

자리에서 일어나 지팡이를 짚고 앞장서는 승필.

성진

어디 가요? 안 돼요, 할아버지!

승필

개안타…

말릴 새도 없이 집 밖으로 나서는 승필. 성진은 어쩔 수 없다
는 듯 따라나선다.

86. 대명리, 공장 삼거리 - 실외/새벽

새벽부터 돌아가는 두부 공장을 지나 마을 입구로 향하는 성
진과 승필.

87. 대명리, 마을 입구 - 실외/아침

양옆으로 가로수가 쭉 늘어선 2차선 도로. 가로수도 이제는 앙
상한 가지만이 남아있다.
마을 입구에서 택시를 기다리고 서 있는 성진과 승필.
멀리서 다가오는 택시 불빛이 보이고 성진이 택시를 향해 손
을 흔들자 비상등을 켜며 정차하는 택시. 승필은 구방에서 검
은 비닐봉지로 싸인 물건을 꺼내서 성진에게 건넨다.

승필
이거는 내 죽더라도 아무한테도 말하면 안
된다.

성진

이게 뭔데요?

성진이 봉지를 열어보려고 하자 말리는 승필.

성진

전화할게요.

택시에 탄 성진이 승필에게 들어가라고 손을 흔들자, 승필도 따라 손을 흔든다.
이윽고 출발하는 택시. 승필은 사라지는 택시를 바라보고 서 있다.

88. 택시 안 - 실내/아침

뒷좌석에 앉은 성진은 택시 뒤창으로 보이는 승필을 바라보다 가 몸을 돌려 고쳐 앉는다. 택시가 멀어질수록 뒤창으로 보이 는 승필의 모습도 점점 작아지고 흐릿해진다. 성진은 주머니 에서 승필이 준 검은 비닐봉지를 꺼내 열어본다.
그 안에는 농협은행 통장과 목도장이 들어있다.
통장을 열어보면 명의가 '김성진'으로 되어있고, 매달 차곡차 곡 모여서 꽤 많은 액수의 돈이 찍혀있다.
놀란 성진이 뒤를 돌아보지만, 어느새 승필의 모습은 보이지 않는다.

숨겨진 돈이 자신의 통장에 있음을 알게 되는 성진, 통장을 쥔 채 탄식한다.

멍한 표정으로 한참을 고민하는 성진.

택시가 코너를 돌자, 아침 햇살이 성진의 얼굴에 부딪힌다. 강하게 내리쬐는 햇살에 눈이 부신 성진은 손차양으로 눈을 가린다.

89. 대명리, 공장 삼거리 - 실외/아침

수없이 밟혀서 더러워진 눈길을 지팡이에 의지해 걸어가는 승필의 뒷모습.

골목의 중간쯤에 소음을 내며 수증기를 내뿜는 두부 공장이 보인다.

집으로 가려면 두부 공장 왼쪽 길로 들어가야 하는데, 공장 앞에 서서 주위를 두리번거린다. 치매로 인해 길을 잃은 승필…

잠시 후, 집으로 가는 왼쪽 길이 아닌 산으로 가는 오른쪽 길로 걸어가는 승필.

어느새 두부 공장은 보이지 않고 산으로 사라지는 승필…

승필이 사라져도 카메라는 눈 내린 산을 그대로 비추고 있고 두부 공장이 돌아가는 소음 또한 계속 들린다.

이미지   위로

천천히

올라가는

엔딩

크레딧…

설
계

Storyboard

設

計

작업지시서

S# 1	낮	두부공장	실내	CUT
		두부공장 실내 전경 - 수희가 두부를 들고 나선다		1

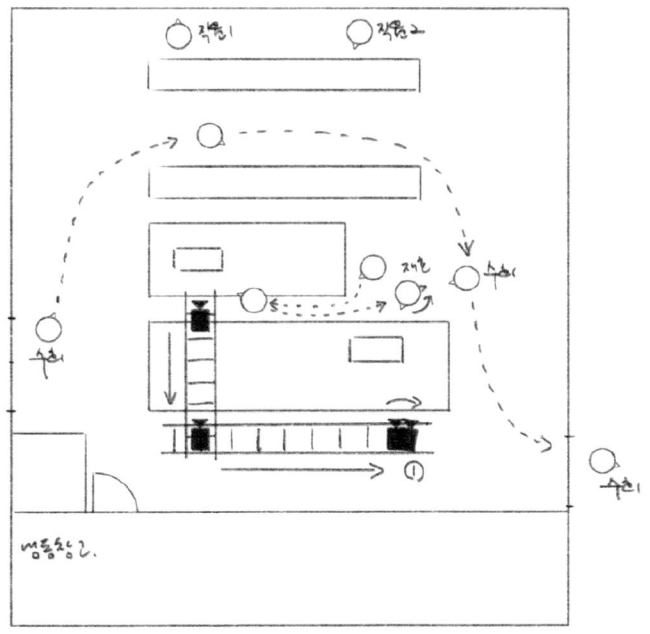

① 제훈 프레임 인 되면 천천히 카메라 달리 아웃.
수희 동선따라 카메라 팬 딴은 트래킹
제훈. 수희 2shot.

장 손 ■

작업지시서

S# 1	낮	두부공장	실내	CUT
		두부공장 실내 전경 - 수희가 두부를 들고 나선다		1

C#1 dolly out - 수희 따라가는 카메라

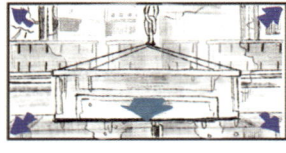

프롤로그. 물이 흐르는 안개가 자욱한 공간…
기계 소음이 가득하고 정신없이 움직이는 사람들
실루엣만이 보인다.
누군가 물속으로 무언가를 휙- 던지자 첨벙-!
물이 튀고 물 표면이 일렁인다.
잠시 후, 다른 누군가가 달려와 다급하게 소리를
지른다.

수희 목소리 문 열어라, 문! 이러다 죽겠다!

문이 열리자, 실내가 밝아지고 뿌연 안개가
걷히기 시작한다.
그리고 서서히 물탱크에 쌓인 두부가 보이고 두부
공장의 전경이 드러난다…
공장의 책임자로 보이는 수희(여, 54)와 대여섯의
직원의 모습이 보이는데, 더운 열기에 그들이
입은 흰 유니폼은 물과 땀으로 흠뻑 젖어 있다.
김이 모락모락 나는 갓 만든 두부를 챙긴 수희는
건장한 체격의 재호(남, 32)를 불러 세운다.
재호는 크레인 장비를 이용해 포장된 두부 더미를
옮기고 있다.

수희 재호야! 얼른 마무리하고 온나!
재호 알겠심더, 어무이!
수희 김 사장은 또 어디 갔노?

눈치를 보던 재호는 화투 치는 동작을 하며 '김
사장'이 이미 퇴근했음을 알린다.
고개를 절레절레 저으며 공장 밖으로 나서는
수희.

작업지시서

S# 48	낮	집	앞마당	CUT
		[몽타쥬] 상여행렬 (앞마당 한 바퀴)		1

C#1   집 전경 LS

상여 소리와 함께 상여 몽타주 시퀀스 시작…
대문 안으로 들어오는 상여 행렬. 말녀의 위패와
영정사진을 든 성진이 선두에 있고 태근이
오동나무 지팡이를 짚고 다리를 절뚝이며
따라간다. 그 뒤로는 꽃상여와 함께 가족
친지들의 행렬이 이어진다. 앞마당을 한 바퀴
돌더니 다시 대문 밖으로 나서는 상여 행렬.

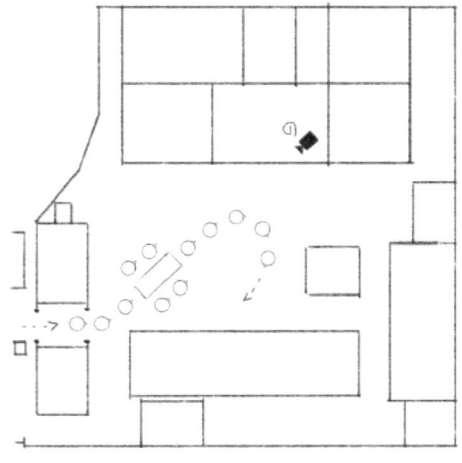

① 대문 안으로 들어오는 상여 행렬. L.S

서촌상여소리(송문창(메), 우제천
외(받), 1995년)

행상소리
(오오홍 오오홍 어허야 오오홍)
(헤-헤 헤헤헤 어화넘차 오오홍)

간다 간다 나는 간다 사든 생가를 다
버리고 북망산천을 나는 가네
서른 두 명 상두꾼들 눈물가려 못
가겠네

백년집을 이별하고 만년집을
찾아가네
황천길이 멀다더니 대문 밖이
황천이네
빈손으로 태어나서 빈손으로
돌아가네

초롱같은 우리야 인생 이슬같이도
떨어지네
인지가면 언지 올꼬 한번 가면 못
온다네

157   장 손 ■

작업지시서

S# 49	낮	대명리	마을 골목	CUT
		[몽타쥬] 상여행렬 (마을 사람들 배웅)		1

C#1   골목 내려가는 상여행렬 ELS

여름에 줄지어 걷던 골목을 반대로 걸어서
내려가는 상여 행렬.
마을 사람들이 나와서 말녀를 배웅한다.

작업지시서

S# 50	낮	대명리	보호수	CUT
		[몽타쥬] 상여행렬 (보호수 지나서 산길 향한다)		2

C#1

가족사진을 찍었던 보호수는 어느새 붉게 단풍이
물든 상태다.
보호수를 지나서 산으로 향하는 상여 행렬.

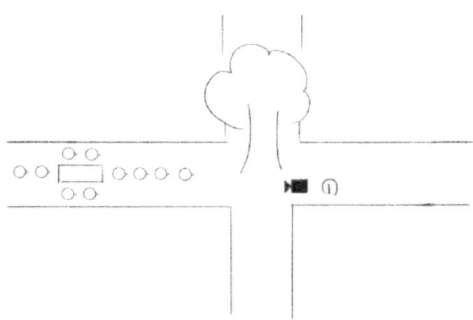

① 보호수로 걸어오는 상여행렬 F.S.

㉠ 보호수를 지나는 상여행렬 E.L.S.

장 손 ■

작업지시서

S#	낮	산	산길 입구	CUT
51		[몽타쥬] 상여행렬 (산을 오르는 상여행렬)		2

C#1

올라가는 상여행렬 뒷모습 FS

청명한 가을 하늘 아래 붉게 물든 마을 뒷산.
굽이지고 가파른 산길 입구을 지나는 상여 행렬.
가족의 슬픔에 무심한 듯 쾌청한 날씨를 뽐내는
자연 풍경. 상여소리가 계속 이어지고 상여
행렬이 일렬로 천천히 산을 오른다.

1. 굽이지고 가파른 산길을 올라가는 상여행렬
   뒷모습. F.S

2. 산길을 올라가는 상여행렬. 정면 L.S

작업지시서

S# 80	낮	요양병원	재활센터 복도	CUT
		혜숙을 만나는 성진, 화재에 대해 말한다		6

C#1　　　　　　　병원 복도 FS

요양병원 복도에서 병실 안쪽을 바라보고 서
있는 성진. 병실 안에는 누워있는 중증환자들이
보이고 가래를 빼내는 석션 소리가 들린다.
성진의 앞으로 휠체어를 탄 노인과 요양보호사가
지나간다. 잠시 후, 복도 벤치에 앉는 성진. 뒤이어
혜숙이 물수건을 들고나와 성진의 옆에 앉는다.

성진 고모부 살 마이 빠졌네.
혜숙 내사 뭐 매일 보이 똑같아 빈다.
성진 차도는 좀 있나?
혜숙 가만히 누워있는 거 보면 어쩔 땐 편안해

C#2　　　　　　혜숙-성진 투샷

보인다… 남 속도 모르고…

준비해온 카네이션 화분을 혜숙에게 건네는 성진.
혜숙 화분을 보더니 미소를 짓는다.

혜숙 가끔 니가 내 아들이었으면 싶었다…
성진 …나도 진짜 부모님처럼 생각했다.

성진을 바라보더니 피식 웃는 혜숙.

성진 안 돌아올 거가?
혜숙 내가 이제 돌아갈 데가 어딨노…

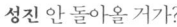

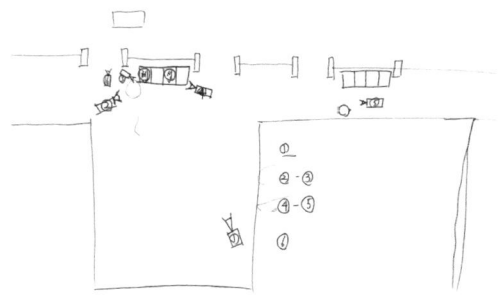

작업지시서

S#	낮	요양병원	재활센터 복도	CUT
80		혜숙을 만나는 성진, 화재에 대해 말한다		6

C#4   복도 FS

고민을 하다가 주머니에서 봉투를 꺼내 혜숙에게
건네는 성진.
혜숙이 봉투를 열어보면 그 안에는 병구와 혜숙의
사진이 불에 그을려서 많이 상한 상태다. 사진을
들고 유심히 바라보는 혜숙. 성진은 어떻게 말을
시작할지 막막한 모습이다.

성진 어제… 불이 나가지고… 합선일 수도 있다고
말하던데… 아버지가 술에 많이 취해가지고
실수로… 진짜 고모가 없어서 다행이지…

제대로 말하지 못하고 웅얼거리는 성진. 혜숙에게
화재 사실을 말하는 게 매우 곤혹스러운 모습이다.
한참을 듣던 혜숙은 조심스럽게 입을 연다.

혜숙 태근이… 가가 말은 그래 해도 바퀴벌레 한
마리 못 죽인다.
성진 아빠도 일부러 그런 거는 아닐끼다…
혜숙 태근이가… 자기가 그랬다 카더나…

혜숙은 성진의 예상과는 다르게 태근을 의심하지
않는 듯하다. 병실 안에서 들리던 석션 소리가
멈추자 고요해지는 병원 실내.

성진 아직 조사 중이긴 한데…
혜숙 (피식)믿기 싫으면 다 나빠 보인다니까…
성진아… 태근이가 그런 거 아니다…

무슨 말인지 이해 못한 성진은 말이 없는 혜숙을
바라보다가 혜숙이 불을 지른 진짜 범인이라는
것을 알아차린다! 아무런 감정 표현도 없이
멍한 표정의 혜숙… 성진은 어디서부터 무엇을
물어봐야 할지 몰라 패닉에 빠진다.

작업지시서

S# 80	낮	요양병원	재활센터 복도	CUT
		혜숙을 만나는 성진, 화재에 대해 말한다		6

C#5　　　　　복도 FS

성진 고모가 왜…

말이 없는 혜숙. 잠시 후, 병실 문을 열고 간호사가
나온다.

간호사 어머님! 아버님 석션, 드레싱 마쳤어요.
혜숙 (상냥하게 웃으며)아이고, 수고하셨으예!
(성진에게)인자 들어가자!

병실로 들어가서 대화를 하자는 말에 두려움을
느끼는 성진, 자리에서 일어난다.

성진 기차 시간이 다 돼서… 나중에 다시 올게, 고모…
혜숙 벌써?

C#2

성진이 인사를 하고 급하게 자리를 뜨는데 오른쪽
발의 상처 때문에 통증을 느끼는지 살짝 다리를
전다. 잠시 후, 뒤에서 혜숙이 성진을 부른다.

혜숙 성진아!

성진은 조심스럽게 고개를 돌리지만, 혜숙을
쳐다보지는 못한다.

성진 …응?
혜숙 (웃으며)고모부 꽃 알러지 있는거 모르나…
다음에는 조화로 사온나!
성진 아! 다음에… 사올게…!

화분을 보고 무심했던 자신에 대한 부끄러움과
두려움이 동시에 밀려오는 성진, 대충 인사를
하고는 도망치듯 자리를 벗어난다. 화분을 벤치에
내려놓고 일어나서 병실로 들어가는 혜숙. 병실
안쪽 침대에는 상체를 풀어헤친 병구(남, 61)의
모습이 보인다. 얼굴은 보이지 않지만 풍채 좋던
사진 속의 모습이 아닌 왜소하고 병약한 노인의
육신이다… 혜숙은, 병구의 등과 허리에 난 욕창
주위를 물수건으로 꼼꼼히 닦아 준다.

C#6　　　병실 안의 혜숙과 병구

163

House of the Seasons

각본 감독 ■ 오정민

흔　　　　　　　적

Still Photography

痕　　　　　　　跡

■ House of the Seasons

장 손 ■

장 손 ■

House of the Seasons

장 손 █

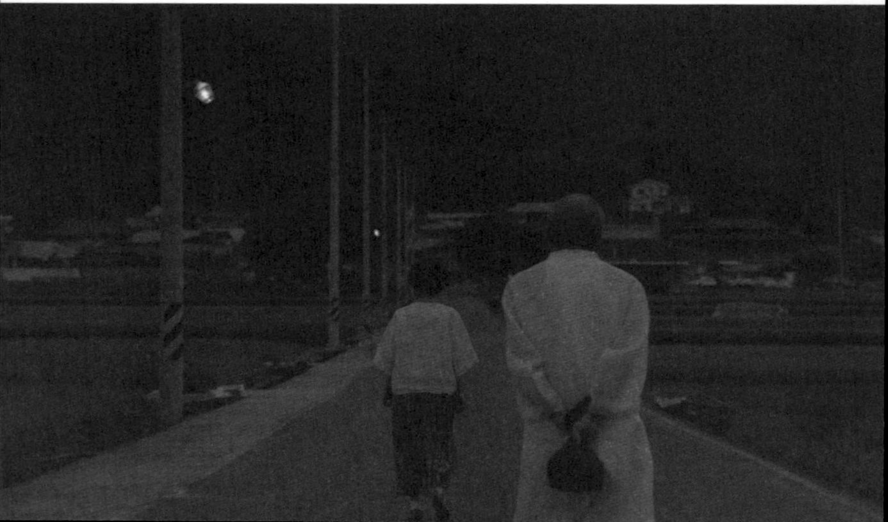

House of the Seasons

장 손 ■

■ House of the Seasons

장 손 ■

■ House of the Seasons

■ House of the Seasons

장 손 ■

■ House of the Seasons

장 손 ■

■ House of the Seasons

장 손

■ House of the Seasons

장 손 ■

■ House of the Seasons

장손 ■

House of the Seasons

장 손 ■

■ House of the Seasons

■ House of the Seasons

■ House of the Seasons

■ House of the Seasons

■ House of the Seasons

시   선

Review

視   線

"문 열어라, 문! 이러다 죽겠다!"

수희가 외치는 이 대사로 〈장손〉의 시나리오(와 영화)는 시작한다. 희뿌연 연기로 가득한 두부 공장 안에서 그 목소리는 울려 퍼진다. 아직 영화 속의 어떤 인물도 만나지 못한 상태로 이 말은 스크린 위를 떠돈다. 무의식적으로 터져 나온 예언처럼, 혹은 도리 없이 전달되는 고통스러운 저주처럼 그 말은 음산하게 〈장손〉의 화면을 맴돌 것이다. 닫힌 문을 열어야 한다. 제때 문이 열리지 않으면 죽을지도 모른다.

과장 섞인 진술일까? 하지만 〈장손〉은 무엇보다도 문을 여는 과정이다. 공장 내부의 문이 열리고 나서도 영화는 몇 차례의 문을 통과한다. 공장 입구의 문('#2. 대명리, 공장 삼거리 – 실외/낮')과 이어진 커다란 집('#3. 집, 대문 앞 – 실외/낮')의 대문, 집 안으로 들어간 뒤에드 끊임없이 크고 작은 방문이 열린다. 문이 열리면 그 안에 숨겨져 있던 인물과 사물과 장소가 카메라 앞에 노출된다. 영화는 그렇게 하나의 세계를 아직 열리지 않은 다른 세계와 접합한다. 이것이 〈장손〉이 공간을 나누는 감각이다. 그들은 함께 있지만 분리되어 있고, 거리를 두고 있어도 완벽하게 떨어질 수 없다. 문은 사람과 사람의 경계에 존재하는 경계면으로, 친밀감과 거리감을 동반하는 이중적인 장치로 카메라 앞에 놓인다.

장 손 ■

그럼 왜 문을 여닫는 일상적인 행위가 죽음이라는 거창한 문제와 결부되는 걸까? 각본 전체를 통틀어 유독 반복해서 나오는 두 단어를 언급하고 싶다. 하나는 '시작한다'는 말이다. 〈장손〉은 가족이 모이는 두 개의 시간을 주시한다. 하나는 모두가 의례적으로 모이게 되는 제사의 시간이고, 다른 하나는 그렇게 불가피하게 모이던 가족조차 언젠가 흩어질 수밖에 없다는 것을 받아들이는 장례식의 시간이다. 한쪽은 너무나 의례적이고 한쪽은 너무나 갑작스럽다. 〈장손〉은 공통적으로 그것을 받아들이고 주어진 절차를 '시작'하는 모습을 묘사한다. 그리고 두 장면 모두 문을 여는 것으로 촉발된다. 문을 열어두는 것은 죽은 자를 부르는 제사의 예식이고 손님을 맞이하는 장례식의 절차다. 이것은 유교적 절차의 시간이면서 또한 서로 다른 유산을 증여하는 시간이기도 하다. 다시 말하자면, 이제는 눈에 보이지 않는 귀신과 함께하는 시간이다. 유교와 돈, '한국인'을 구성하는 두 가지 끊어낼 수 없는 구속 앞에서 〈장손〉의 카메라는 그 절차의 시작점을 가리킨다. 무언가 시작된다. 규칙이 바뀐다. 공기가 뒤집힌다. 그때 영화는 문을 열어둔다.

　　다른 하나는 '멀리서'라는 표현이다. 〈장손〉에는 한 가지 특별한 구도가 빈번하게 묘사된다. 한 인물이 후경으로 멀어지고 카메라와 가까운 쪽에 남은 인물이 떠나가는 사람의 뒷모습을 지켜보는 구도가 그것이다. 누군가 떠나간다. 그 떠나가는 사람을 지켜보던 누군가도 조금 뒤에 화면에서 사라진다. 끊어지지 않고 이어지는 숏의 지속시간에 그 과정과 발걸음이 담긴다. 하지만 앞서 말했다시피 멀어진다고 해서 완벽히 떨어지거나 단절되는 것은 아니다. 〈장손〉의 화면은 멀리서 들려오거나 전달되는 사건에 열려 있다. 아니, 조금 더 정확히 말하자면 속수무책으로 노출되어 있다. 멀리 떨어져 있지만 그 것은 화면 내부와 완벽하게 단절된 문제가 아니다. 보이지 않는 외부의 압력에 화면 내부는 일그러지고 무너진다. 대단히 정교하고 정돈된 촬영에도 불구하고, 〈장손〉은 눈앞의 세계를 무너뜨리는 영화다.

그리고 이 모든 절차의 중심에 수많은 문으로 채워지고 유교적 의례와 절차가 시작되는 커다란 집이 있다. 그리고 〈장손〉의 최종적인 목적지는 이 집을 불태우는 것이다. 집이 불타버린다. 문과 문으로 이어진 커다란 집이 불타고 있다는 것을 성진은 멀리서 느껴지는 화기(火氣)로 느낀다. 도리 없이 받아들여야 하는 전통과 절차가 새겨진 집이 불타버린다. 인물이 비밀을 숨겨두고 문을 열고 닫으며 보이지 않는 유산과 함께 살아가던 유일한 장소가 사라진다.

아르헨티나의 영화감독 마리아노 지나스는 언젠가 "영화가 탄생하기 이전에 키스는 대체 어떤 것이었을까?"라고 질문한 적이 있다. 영화는 사랑에 빠지고 이별을 경험하고 슬픔을 공유하는 인간의 방법을 스크린

227

에 새긴다. 어둠이 내린 밤. 커다란 집이 불타버린 뒤에, 문과 문으로 서로를 분리할 수 없어진 승필과 성진이 어쩔 수 없이 한 자리에 눕는다. 등을 돌려 누운 승필은 술에 취한 태근이 그랬던 것처럼 얼굴을 보이지 않고 토해내듯 과거의 기억을 말하기 '시작한다.' 빨치산을 도와줬다는 이유로 경찰이 쳐들어온 어린 시절의 기억, 부모님과 함께 도망친 기억, 다음 날 아침 정신을 차리고 골짜기를 찾아갔지만 시신이 모두 불타 사라진 기억, 그리고 태근과 혜숙에 대한 고통스러운 비밀까지 순식간에 전해진다.

승필은 성진을 태근으로 착각하고 모든 것을 말한다. 하지만 정말 태근으로 착각했던 걸까? 어쩌면 이는 태근으로 가장된 누군가에게만, 그리고 얼굴을 드러내지 않은 뒷모습의 상태로만 간신히 전해질 수 있는 비밀이 아니었을까? 어찌할 도리 없는 비밀이 누설된다. 아무렇지 않다는 듯 다음 날 새벽이 찾아온다. 두 사람은 새벽부터 집을 나선다. 앞으로 어떻게 해야 할지 결정하지 못한 한 인간과 지난 시간을 어떻게 감당해야 할지 견디지 못하는 한 인간이 도로 위에 서 있다. 한 명은 택시를 타고 사라지고, 다른 한 명은 거리에 남아 있다. 전날 밤, 두 사람은 고통스럽게 잠들지 못했고 같은 시간에 상대방도 잠들지 못했다는 것을 깨닫는다. 잠 못 드는 밤, 눈이 그친 새벽, 그 사이에 있는 한 인간의 얼굴과 다른 인간의 뒷모습.

그리고 나면 마지막 장면이 기다리고 있다. 고독하면서 위태로운 기나긴 결말의 한 장면은 피할 스 없는 질문을 던진다. 모두가 떠나간 뒤에, 집마저 불태워진 이제 누가 그를 바라볼 것인가. 끈질기고 우스꽝스러운 유교의 요구를 평생에 걸쳐 철저히 수행한 인간의 몸. 그 과정에 항의하듯 등 돌린 뒷모습으로 방언을 터트리듯 발작적으로 과거의 상흔을 토해내던 몸. 그의 발걸음 위로 성진에게 전해준 혜숙의 한마디가 공명하듯 맴돈다. "내가 인자 돌아갈 데가 어딨노…" 〈장손〉은 노인의 몸과 그 몸에 새겨진 역사의 시간을 지켜보며 질문한다. 이는 모두가 잠든 밤 승필의 뒷모습을 생경한 표정으로 지켜보는 성진이 맞닥뜨리는 질문이기도 할 것이다. 각본의 마지막 페이지는 그 희박하지만 끈질기게 잔존하는 '한국인'의 진실에 관한 하나의 증언이 된다.

　　"수없이 밟혀서 더러워진 눈길을 지팡이에 의지해 걸어가는 승필의 뒷모습. 골목의 중간쯤에 소음을 내며 수증기를 내뿜는 두부 공장이 보인다. 집으로 가려면 두부 공장 왼쪽 길로 들어가야 하는데, 공장 앞에 서서 주위를 두리번거린다. 치매로 인해 길을 잃은 승필…
　　잠시 후, 집으로 가는 왼쪽 길이 아닌 산으로 가는 오른쪽 길로 걸어가는 승필. 어느새 두부 공장은 보이지 않고 산으로 사라지는 승필… 승필이 사라져도 카메라는 눈 내린 산을 그대로 비추고 있고 두부 공장이 돌아가는 소음 또한 계속 들린다."

집이 파괴되었으므로 그는 닫힌 문을 열지 못할 것이다. 돌아갈 곳 없이 배회할 것이다. 집에 돌아가지 못해 떠도는 것은 화면에 보이지 않는 수많은 유산과 기억의 흔적이기도 하다. 그들은 더 이상 집에 돌아갈 수 없다. 그는 귀신과 함께 걷고 있다.

장 손 ■

장 손

각본집

House of the Seasons: The Original Screenplay

초판 1쇄 발행 2025년 11월 14일

지은이 오정민
펴낸이 백준오

편집 백준오
교정 이보람
디자인 스튜디오 고민
인쇄 세걸음

펴낸곳 플레인아카이브
출판등록 2017년 3월 30일 제406-2017-000039호
주소 경기도 파주시 회동길 336-17, 302호
이메일 cs@plainarchive.com
인스타그램 @plainarchive

ISBN 979-11-90738-19-4 (03680)